Méthode de français

Facile plus !

Livre de l'élève

3

PIERRE BORDAS ET FILS

ELI

Anna Maria Crimi, Domitille Hatuel, Emmanuèle Pacitto
Facile plus ! Livre 3
Rédaction : Wendy Saccard, Cristina Mancini
et Gigliola Capodaglio
Direction artistique : Marco Mercatali
Conception graphique : Sergio Elisei
Mise en page : Studio Andersen, Federico Borsella,
Lucia Valentini et Violeta Cabal
Iconographie : Giorgia D'Angelo
Conception graphique de la couverture : Thomas Hoermann
Photo de la couverture : Shutterstock

B.P. 6
62019 Recanati
info@elionline.com
www.elionline.com

Ce texte est basé sur la version *Facile plus !*

Achevé d'imprimer en Italie par Tecnostampa – Pigini Group Printing Division – Loreto, Trevi – Italia 20.83.243.0
ISBN 978-88-536-2977-7

Crédits
Illustrations : Laura Bresciani, Miguel Can, Marcello Carriero, Giovanni Da Re, Giorgio Di Vita, Susanna Spelta/Alessandra Ceriani, Luca Poli
Édition photographique : Pesciblu
Photographies, images, textes : Cordon Press : pp. 58, 59 ; Shutterstock : pp. 9, 10, 14, 16, 22, 23, 24, 25, 26, 27, 29, 32, 35, 36, 39, 41, 42, 44, 45, 46, 47, 48, 49, 50, 54, 55, 56, 60, 61, 62, 64, 65, 66, 67, 70, 71, 72, 74, 75, 78, 80, 81, 83, 84, 85, 86, 87, 93, 94, 95, 96, 97, 102, 103, 105, 106, 107, 108, 108, 113, 114, 115, 118, 119 ; © Roxane Beauvais : pp. 116, 117, 118, 119.
Chansons : Mariangela Apicella

Nous remercions les élèves de Roxane Beauvais pour leur collaboration et pour avoir prêté leur image à la section En action : Javier Bravo Somoza, Fernando Cabria Serena, Irene Glaria Torres, Samantha López Reyes, José Masot Gregorio, Elisa Sellera Gomis, Marcos Vega Castaño ; ainsi que l'Alliance Française de Madrid.

GUIDE VISUEL

Voici quelques informations utiles pour utiliser au mieux ton livre de l'élève.

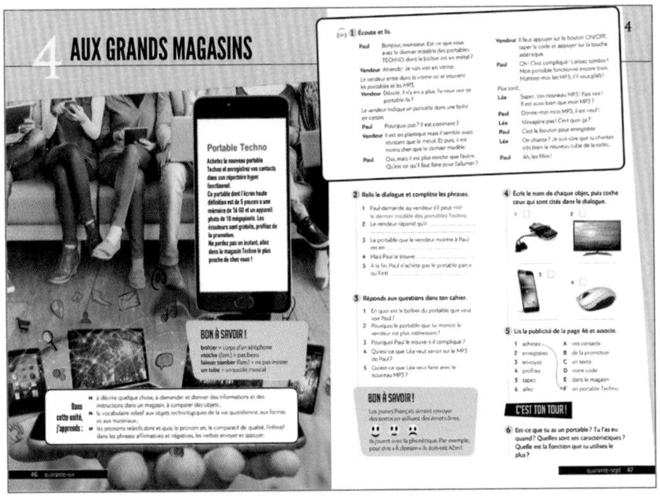

Les unités commencent par un dialogue et un texte écrit. Écoute et lis, fais les activités de compréhension et enfin... parle un peu de toi : *C'est ton tour !*

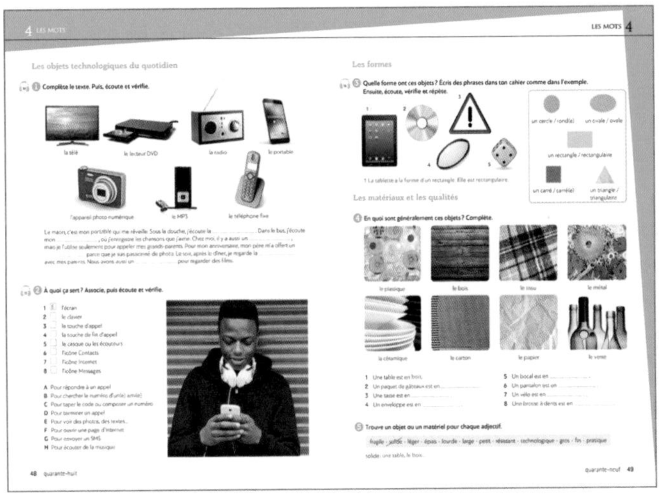

Lexique

Dans cette section, tu trouveras les bases qui te permettront de communiquer : les mots !

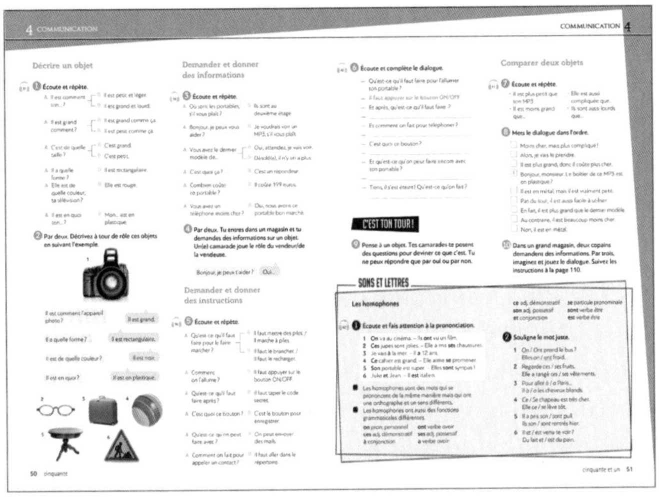

Communication

Voici les fondements de la communication pour t'exprimer et interagir avec des personnes dans des situations réelles de la vie quotidienne. Ici, les exercices sont rois : tu trouveras de nombreuses activités à faire seul ou avec tes copains de classe.
Tu pourras aussi t'entraîner à la prononciation et à la graphie.

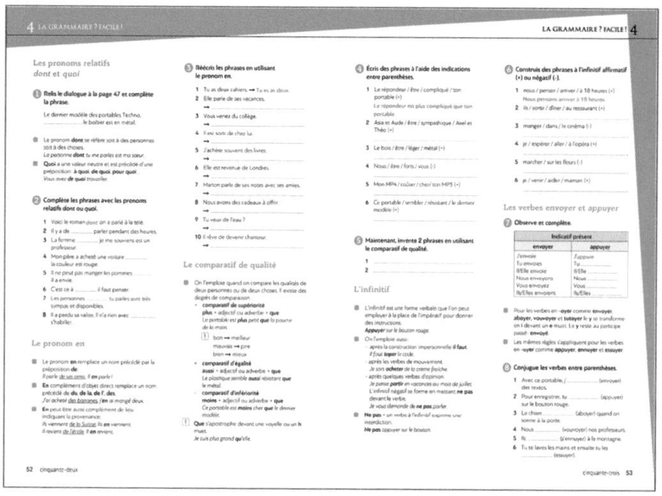

Grammaire

C'est le moment de comprendre le fonctionnement d'une langue à travers des exemples, des réflexions et des activités. Pour fortifier tes bases lexicales et linguistiques, il faut un peu de grammaire. Et voilà. C'est facile !

Compétences

En avant toute ! Écoute, lis, parle et écris ! Tu te prépares aussi aux examens du **DELF**. Conserve les épreuves écrites pour ton **Portfolio.**

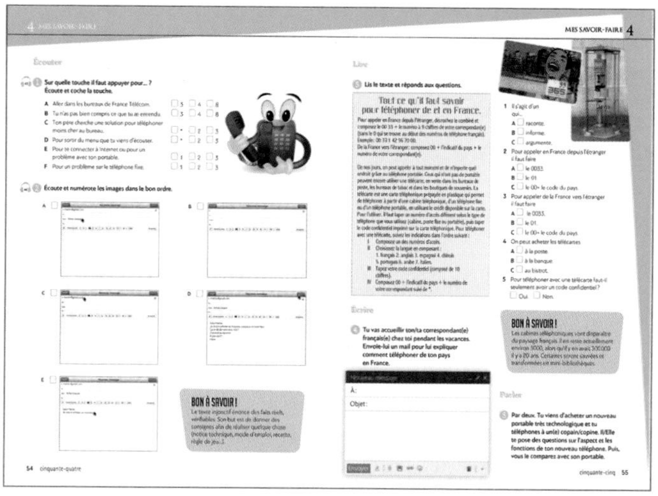

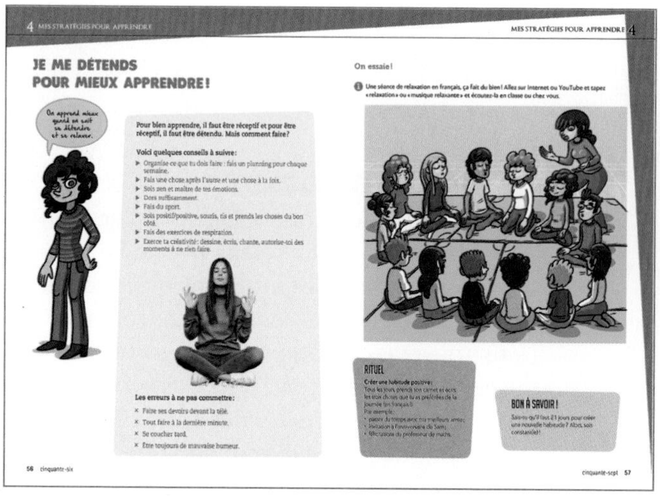

Stratégies

Apprendre le français devient plus facile ! Dans cette section, tu apprendras à mieux te connaître, à gérer ton temps ou encore à mémoriser plus efficacement. Une double page toutes les deux unités pour développer des techniques et des astuces pour apprendre à apprendre.

Civilisation →

Toutes les quatre unités, pour les plus curieux, voici des reportages sur le monde francophone. De la géographie au folklore, tu découvriras des lieux intéressants, des habitudes et des coutumes. La rubrique *À toi !* te permettra de travailler sur des projets interdisciplinaires.

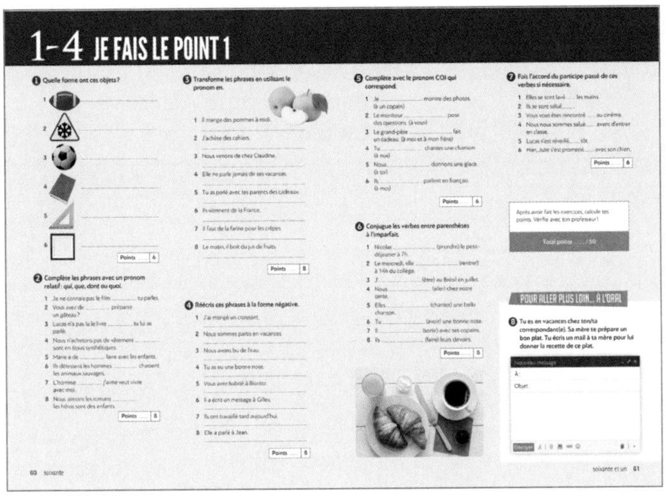

← Bilans

Toutes les quatre unités, la section **Je fais le point** te permet d'évaluer si tu as atteint les objectifs définis. Bonne chance !

Histoire suivie →

Il s'agit d'une petite histoire en plusieurs épisodes avec des jeux et un petit atelier d'écriture. L'aventure commence dans l'unité 0 du livre de l'élève et se poursuit dans le cahier d'exercices.

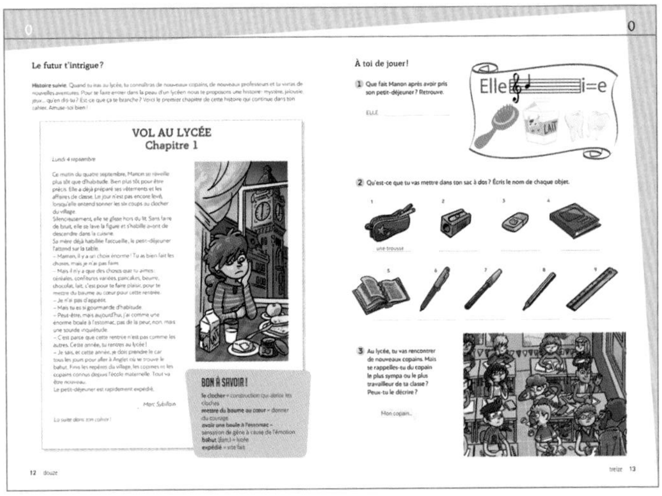

CD Audio pour la classe

Ce symbole indique les activités d'écoute que ton professeur peut te proposer en classe.

TABLEAU DES CONTENUS

Lexique	Sons et lettres	Savoir-faire
• Évaluation et révision		• Savoir comprendre un rebus
• Le corps humain • La santé et les maladies	• Le son [f]	• CO : comprendre des enregistrements • PO : expliquer et donner des conseils • CÉ : associer la situation aux gestes • PÉ : écrire un petit mot
• Les vêtements • Les accessoires	• Le son [j]	• CO : comprendre des dialogues • PO : interagir avec un copain • CÉ : associer des textes aux symboles • PÉ : rédiger une lettre
• La protection de l'environnement • Quelques animaux non domestiques • Les états d'âme	• Les sons [e], [ɛ] et [ə]	• CO : écouter une interview • PO : convaincre quelqu'un • CÉ : comprendre une interview • PÉ : écrire un message pour se présenter et pour présenter un projet
• Les objets technologiques du quotidien • Les formes • Les matériaux et les qualités	• Les homophones	• CO : comprendre des instructions • PO : discuter sur l'aspect et les fonctions d'un appareil • CÉ : comprendre un texte injonctif • PÉ : donner des instructions
• La table et le repas • Les quantités	• Les sons [ʃ] et [ʒ]	• CO : comprendre un dialogue au restaurant • PO : donner la recette d'un plat typique • CÉ : comprendre une recette • PÉ : écrire un menu et donner la recette d'un plat

TABLEAU DES CONTENUS

Lexique	Sons et lettres	Savoir-faire
• Les programmes de télé • Le feuilleton • Les matières scolaires	• La prononciation de *plus*	• CO : écouter une interview • PO : dramatiser un dialogue • CÉ : comprendre un article • PÉ : écrire un dialogue
• Le temps • Le quotidien et ses rubriques • La police et les enquêtes	• Le **h** aspiré et le **h** muet	• CO : comprendre et composer un portrait-robot • PO : dramatiser un dialogue • CÉ : comprendre un fait-divers • PÉ : écrire un fait-divers
• Les signes du zodiaque • Le caractère • Les animaux	• Le **e** caduc	• CO : comprendre un dialogue • PO : faire un horoscope • CÉ : comprendre un article • PÉ : écrire un horoscope

0 C'EST PARTI !

Le passé te rend triste ?

Les grandes vacances sont terminées, c'est la rentrée. Avant de commencer cette nouvelle année, évalue tes deux ans de travail scolaire.

- Coche 🙁 si tu as encore des difficultés.
- Coche 😐 si tu sais le faire à peu près.
- Coche 🙂 si tu sais le faire parfaitement.

	🙁	😐	🙂
Je peux saluer quelqu'un et je peux répondre.			
Je peux me présenter et présenter quelqu'un.			
Je peux donner des informations sur moi et sur ma famille.			
Je peux dire comment je vais et ce que je suis en train de faire.			
Je peux poser des questions personnelles et répondre à des questions.			
Je peux expliquer quels sont mes loisirs préférés ou ceux que je n'aime pas.			
Je peux demander et donner des informations sur une personne.			
Je peux demander et donner des informations sur un produit.			
Je peux proposer quelque chose à quelqu'un.			

	🙁	😐	🙂
Je peux parler du temps qu'il fait.			
Je peux demander et donner un conseil.			
Je peux exprimer mon accord ou mon désaccord et demander l'opinion de quelqu'un.			
Je peux raconter un fait et comprendre quelqu'un qui le raconte.			
Je peux parler de mes projets futurs.			
Je peux remplir un formulaire avec mes coordonnées.			
Je peux écrire une carte postale, une lettre ou un mail pour raconter ce que j'ai fait.			
Je peux comprendre un court texte tiré d'un journal ou d'une revue.			
Je peux comprendre une carte postale, une lettre ou un mail.			

Le présent te donne l’énergie !

Le présent ? Il y a encore plusieurs mois à travailler. Pour connaître ta « météo scolaire » réponds aux questions, vérifie avec ton professeur, puis calcule tes points et lis ton profil.

1 Qui as-tu rencontré dans *Facile plus !* 1 ?

A ☐ Caroline
B ☐ Guillaume
C ☐ Manon

2 Quel est le nouveau personnage de *Facile plus !* 2 ?

A ☐ Hugo
B ☐ Nabil
C ☐ Théo

3 Grâce à *Facile plus !* 1 tu sais ce qu’est...

A ☐ une ceinture.
B ☐ un tailleur.
C ☐ un tissu.

4 Grâce à *Facile plus !* 2 tu sais...

A ☐ décrire un objet.
B ☐ demander l’heure.
C ☐ acheter une jupe.

5 Tu sais fixer un rendez-vous grâce à...

A ☐ *Facile plus !* 1
B ☐ *Facile plus !* 2
C ☐ *Facile plus !* 3

6 Tu as gagné un week-end dans la région PACA. Choisis la ville.

A ☐ Alger
B ☐ Genève
C ☐ Marseille

7 Lequel de ces personnages as-tu connu dans *Facile plus !* 2 ?

A ☐ Marianne
B ☐ Vercingétorix
C ☐ Coco Chanel

8 Quelle chanson as-tu apprise dans *Facile plus !* 2 ?

A ☐ L’arc-en-ciel
B ☐ Tous en classe
C ☐ Tous ensemble

Lis ton profil !

Entre 1 et 4 bonnes réponses

Tempête ! Eh oui, tu aurais dû y penser avant ! Tu vas être obligé de reprendre tes cours pour pouvoir attaquer la nouvelle année avec un solide parapluie.

Entre 5 et 6 bonnes réponses

Vent ! Les bases semblent acquises, mais attention, ne t’endors pas, car le vent de la nouvelle année pourrait tourner ! Nous te conseillons d’approfondir tes connaissances.

Entre 7 et 8 bonnes réponses

Beau temps ! Grand beau temps pour tes études ! La nouvelle année t’attend à bras ouverts. Continue dans cette voie ensoleillée.

Le futur t'intrigue ?

Histoire suivie. Quand tu iras au lycée, tu connaîtras de nouveaux copains, de nouveaux professeurs et tu vivras de nouvelles aventures. Pour te faire entrer dans la peau d'un lycéen nous te proposons une histoire : mystère, jalousie, jeux... qu'en dis-tu ? Est-ce que ça te branche ? Voici le premier chapitre de cette histoire qui continue dans ton cahier. Amuse-toi bien !

VOL AU LYCÉE
Chapitre 1

Lundi 4 septembre

Ce matin du quatre septembre, Manon se réveille plus tôt que d'habitude. Bien plus tôt pour être précis. Elle a déjà préparé ses vêtements et les affaires de classe. Le jour n'est pas encore levé, lorsqu'elle entend sonner les six coups au clocher du village.

Silencieusement, elle se glisse hors du lit. Sans faire de bruit, elle se lave la figure et s'habille avant de descendre dans la cuisine.

Sa mère déjà habillée l'accueille ; le petit-déjeuner l'attend sur la table.

– Maman, il y a un choix énorme ! Tu as bien fait les choses, mais je n'ai pas faim.

– Mais il n'y a que des choses que tu aimes : céréales, confitures variées, pancakes, beurre, chocolat, lait, c'est pour te faire plaisir, pour te mettre du baume au cœur pour cette rentrée.

– Je n'ai pas d'appétit.

– Mais tu es si gourmande d'habitude.

– Peut-être, mais aujourd'hui, j'ai comme une énorme boule à l'estomac, pas de la peur, non, mais une sourde inquiétude.

– C'est parce que cette rentrée n'est pas comme les autres. Cette année, tu rentres au lycée !

– Je sais, et cette année, je dois prendre le car tous les jours pour aller à Anglet où se trouve le bahut. Finis les repères du village, les copines et les copains connus depuis l'école maternelle. Tout va être nouveau.

Le petit-déjeuner est rapidement expédié.

Marc Sybillain

La suite dans ton cahier !

BON À SAVOIR !

le clocher = construction qui abrite les cloches
mettre du baume au cœur = donner du courage
avoir une boule à l'estomac = sensation de gêne à cause de l'émotion
bahut (*fam.*) = lycée
expédié = vite fait

À toi de jouer !

1 Que fait Manon après avoir pris son petit-déjeuner ? Retrouve.

ELLE ______________________

2 Qu'est-ce que tu vas mettre dans ton sac à dos ? Écris le nom de chaque objet.

1

une trousse

2

____

3

____

4

____

5

____

6

____

7

____

8

____

9

____

3 Au lycée, tu vas rencontrer de nouveaux copains. Mais te rappelles-tu du copain le plus sympa ou le plus travailleur de ta classe ? Peux-tu le décrire ?

Mon copain...

1 AU COURS DE GYM

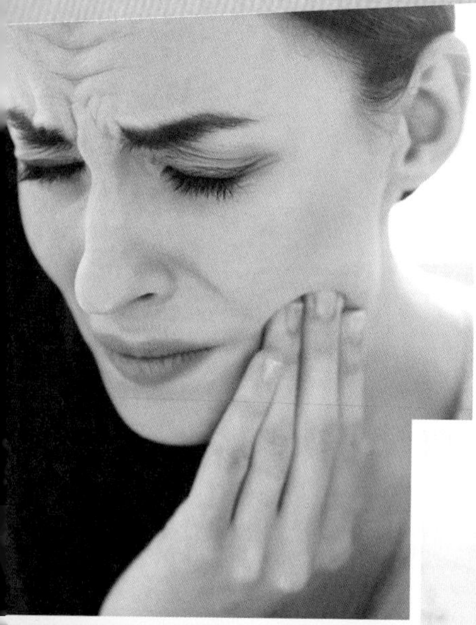

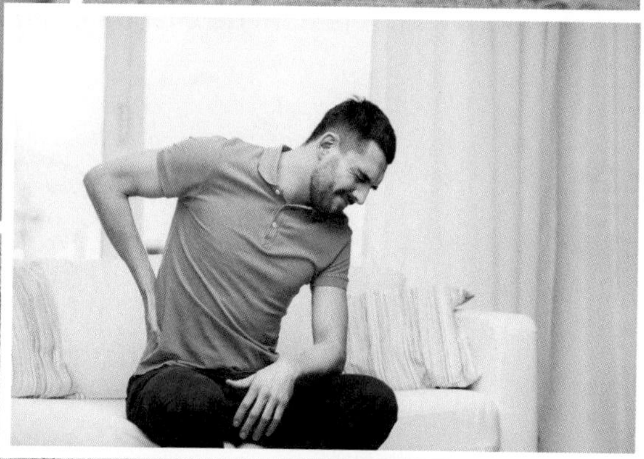

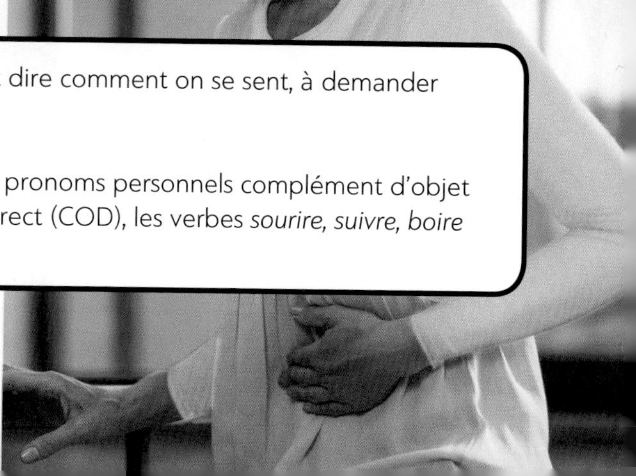

Dans cette unité, j'apprends :

- à décrire des personnes, à demander et dire comment on se sent, à demander et donner des conseils ;
- le corps humain et la santé ;
- l'impératif et le passé composé avec les pronoms personnels complément d'objet indirect (COI) et complément d'objet direct (COD), les verbes *sourire, suivre, boire* et *rendre*.

1 Écoute et lis.

Patricia Allez, les garçons ! Arrêtez de bavarder. Le prof nous attend.

Nabil Ça va être dur, aujourd'hui ! Les muscles de mes jambes et de mes bras me font encore mal après l'entraînement d'hier. Et puis, j'ai mal aux dents. Ras le bol d'être obligé de s'entraîner, même quand on n'a pas de force !

Patricia Mets tes baskets et bois vite ton jus de fruits !

Lucas Moi, je suis très enrhumé depuis la balade d'hier sous la pluie. J'ai mauvaise mine et cette nuit, j'ai eu mal à la tête, et, de temps en temps, j'ai des frissons... Je ne suis pas bien !

Patricia Vous avez dit au prof que vous êtes malades ?

Nabil Oui, mais il répond qu'on a tout de même bonne mine...

Lucas Tiens, voilà Caroline ! On la voit de loin parce qu'elle est grande, elle fait du volley, ça se voit. Rends-lui son CD avant d'oublier !

Le prof Vous êtes prêts ? On commence. Imaginez que je suis le prof de la Star'Ac ! Alors, souriez et suivez le rythme ! Un, deux, un, deux... plus vite ! Lucas ! Ton dos ! Bien droit !

Lucas Mais monsieur, je vous l'ai dit, je ne suis pas en forme, je...

2 Dis si les affirmations sont vraies (V) ou fausses (F).

		V	F
1	Patricia et ses copines bavardent.	☐	☒
2	Le prof est en train d'attendre les élèves.	☐	☐
3	Lucas a mal aux jambes.	☐	☐
4	Patricia met ses baskets.	☐	☐
5	Lucas s'est promené hier avec ses copains.	☐	☐
6	Le prof dit que les garçons sont malades.	☐	☐
7	Caroline fait du basket.	☐	☐
8	Lucas doit rendre un CD à Caroline.	☐	☐
9	Le prof dit à Lucas d'aller plus vite.	☐	☐
10	Lucas ne se tient pas droit.	☐	☐

BON À SAVOIR !

(en avoir) ras le bol = en avoir assez
rincer = nettoyer avec de l'eau
breuvage = boisson
avaler = boire

Nabil,
tu as encore mal aux dents ? Je te propose un truc de mamie. Descends dans la cuisine et fais chauffer dans une casserole 2 verres d'eau et 2 cuillères à soupe de vinaigre. Ajoute une grosse cuillère à soupe de gros sel et fais bouillir. Rince ta bouche avec ce breuvage sans l'avaler.
En tout cas, je prends rendez-vous chez le dentiste pour mercredi après-midi ; il va t'examiner et nous faire une ordonnance pour des médicaments.
Maman

3 Lis le petit mot et réponds.

1 Quel est le but de ce petit mot ?
Donner des conseils.

2 Qui est-ce qui écrit le petit mot ?
______

3 À qui est-il adressé ?
______

4 Où Nabil a-t-il mal ?
______

5 Quel conseil lui donne-t-elle ?
______

6 Où vont-ils aller mercredi après-midi ?
______

C'EST TON TOUR !

4 Et toi, tu te sens parfois comme Nabil ? Où tu as mal ? À qui demandes-tu des conseils ?

Le corps humain

2 **1 Regarde la statue et associe chaque partie du corps à la lettre qui correspond. Puis, écoute et complète le texte.**

1 [G] la tête
2 [ ] la bouche
3 [ ] l'oreille
4 [ ] la pommette
5 [ ] le cou
6 [ ] la main
7 [ ] le bras
8 [ ] le doigt
9 [ ] la poitrine
10 [ ] le dos
11 [ ] la jambe
12 [ ] le genou
13 [ ] le pied

L'une des plus célèbres sculptures de la Grèce classique est le *Discobole*. Cette statue, de taille humaine, mesure 1,56 mètre ; elle représente un athlète en train de lancer le disque.
Les proportions de son **corps** sont presque réelles. Sa ______________ est bien dessinée ; les traits de son ______________ sont caractérisés par un sourire et des ______________ saillantes.
Les détails de sa musculature mettent en relief son ______________ , son ______________ , mais aussi sa ______________ .
Il est en train de lancer le disque de son ______________ droit, et son autre bras se trouve sur son ______________ .
Ses ______________ sont pliées pour pouvoir lancer loin et gagner la compétition. Il a l'air dynamique.

Prendre ses jambes à son cou.

2 Choisis la partie du corps.

1 Écouter avec (les oreilles) / le nez.
2 Sentir avec le nez / les oreilles.
3 Toucher avec les yeux / les doigts.
4 Marcher avec les pieds / la tête.
5 Mâcher avec la poitrine / les dents.
6 Sourire avec la bouche / le bras.

3 Écoute et souligne les bons mots.

Mon copain Laurent est de <u>grande</u> / petite taille, il a le visage rond / carré et l'air mélancolique / drôle. Ses lèvres sont fines / grandes. Il est calme / énervé et gai / ne sourit jamais.

Ma copine Sabine est optimiste / méfiante, elle a le front haut / bas et le menton carré / rond. Son nez est fin / plutôt large. Ses oreilles sont fines / décollées.

La santé et les maladies

4 Associe les dessins aux maladies.

- **A** avoir mal au ventre
- **B** avoir la grippe
- **C** avoir de la fièvre
- **D** avoir une bronchite
- **E** avoir mal au genou
- **F** avoir mal à la gorge

5 Complète le texte. Puis, écoute et vérifie.

mal à la gorge • ~~rhume~~ • ordonnance • fièvre • mal à la tête • angine • traitement
grippe • mal au ventre • otite • piqûre

Paul a des frissons, il ne se sent pas bien, il a attrapé un **rhume**.
Il a ______________ , ______________ :
il a pris sa température et il a de la ______________ , une ______________ et une ______________ .
Il consulte son médecin qui lui demande :

« As-tu aussi ______________ ? » Paul lui répond : « Oui. » Alors le docteur lui dit : « Tu as la ______________ , je te conseille de rester au lit bien au chaud et de prendre une aspirine. Sinon il faut faire une ______________ . »
Il lui prépare une ______________ avec un ______________ .

Décrire des personnes

1 Écoute et répète.

A Quelle est sa taille ? — B Il est grand. Il mesure 1,86 mètre.

A Peux-tu le décrire ?
- B Son visage est large.
- B Ses oreilles sont décollées.
- B Ses jambes sont longues.

2 Par deux. Un(e) ami(e) a rencontré l'homme ou la femme de sa vie. Tu poses des questions et ton ami(e) répond.

Il/Elle s'appelle comment ?

Peux-tu le/la décrire ?

Demander et dire comment on se sent

3 Écoute et répète.

A Qu'est-ce que tu as ?
- B J'ai mal à la gorge.
- B J'ai mal au dos.

A Où est-ce que tu as mal ? — B J'ai mal au ventre.

A Tu vas bien ?
- B Oui, je vais bien, merci !
- B Non, je vais mal.

A Tu as bonne mine. — B J'ai mauvaise mine.

4 Regarde et imagine ce qu'ils ont et ce qui leur est arrivé.

Il a mal...

5 Par deux. Tu n'es pas allé(e) en classe car tu es malade. Un(e) camarade appelle chez toi. Il/Elle te pose des questions.

Allô Marc ? Tu vas bien ?

Demander et donner des conseils

6 Écoute et répète.

A Qu'est-ce que je dois faire ?
- B Va chez le médecin.
- B Repose-toi !

A Que me conseillez-vous ?
- B Prenez des vitamines !
- B Prenez des comprimés !
- B Restez au lit !
- B Il faut faire des piqûres !
- B Voici l'ordonnance !
- B Vous devez continuer votre traitement.

7 Écoute et complète le dialogue.

– Bonjour, docteur.
– **Bonjour, madame Levron.**
– Docteur, ma fille est malade !
– ______________________
– Elle a trente-neuf de fièvre, mal à la gorge et c'est peut-être une angine.
– ______________________
– Des comprimés ?
– ______________________
– Des comprimés toutes les six heures et pas de piqûres, alors ?
– ______________________
– Merci, docteur. En effet, elle n'aime pas les piqûres, elle va rester au lit.
– ______________________
– À cet après-midi, alors.

8 Par deux. Jouez le dialogue. L'élève A est la patiente. L'élève B, qui joue le rôle du médecin, ouvre le livre à la page 110.

A Une femme téléphone à son médecin.
Elle lui dit que sa sa fille est malade.
Elle dit au médecin ce qu'elle a : mal à la gorge, mal au ventre...
Elle demande si sa fille doit prendre des médicaments.
Elle demande une ordonnance.
La dame remercie le médecin et elle le salue.

C'EST TON TOUR !

9 Par deux. Tu as la grippe et tu ne peux pas aller à ton entraînement. Tu téléphones à ton/ta moniteur/monitrice. Tu décris ce que tu as et il/elle te donne des conseils.

SONS ET LETTRES

Le son [f]

1 Écoute et répète.

Philippe • ficelle • facile • pharmacie
foot • affaire • fleur • phalange • effet
fille • physique • fer

■ Le son [f] correspond aux graphies **f** de **foot**, **ph** de **pharmacie** et **ff** de **effort**.

2 Écoute et complète les mots.

1	neuf	6	____ils
2	soi____	7	____rère
3	télé____one	8	____rase
4	bu____et	9	____emme
5	œu____	10	____oto

11 **3 Écoute la comptine et répète.**

Il était une fois,
Une marchande de foie,
Qui vendait du foie,
Dans la ville de Foix.
Elle se dit : « Ma foi,
C'est la première fois
Et la dernière fois,
Que je vends du foie,
Dans la ville de Foix. »

Les pronoms personnels COI

me **te** **lui**	1re personne singulier 2e personne singulier 3e personne singulier
nous **vous** **leur**	1re personne pluriel 2e personne pluriel 3e personne pluriel

- Les pronoms personnels complément d'objet indirect (COI) remplacent un nom déjà exprimé et répondent à la question *À qui ? / À quoi ?* Ils se placent avant le verbe auquel ils se rapportent, même dans les phrases négatives.
  *Je ne **te** parle pas au téléphone.*
- Les pronoms **lui** et **leur** s'emploient aussi bien au masculin qu'au féminin, et ils sont invariables (attention à ne pas confondre le pronom COI **leur** et l'adjectif possessif).
  *Ils **leur** donnent des bonbons.*

1 Complète les phrases avec le pronom COI qui correspond aux personnes indiquées entre parenthèses.

1 Je lui écris une lettre. (à Louise)
2 Nous ________ donnons l'argent. (à vous)
3 Elle ________ envoie un cadeau. (à moi et à mes parents)
4 Le professeur ________ parle. (à ces élèves)
5 Francine ________ téléphone souvent le soir. (à toi)
6 Ma mère ________ pose des questions. (à moi)

L'impératif, le passé composé et les pronoms personnels

- À l'impératif affirmatif, les pronoms personnels COD et COI se placent après le verbe avec un trait d'union.
  *Rends-**lui** son CD avant d'oublier !*

(!) Attention, le pronom **me** devient **moi** et le pronom **te** devient **toi**.
Tu m'écoutes. → *Écoute-**moi**.*
Tu te laves. → *Lave-**toi**.*

- À l'impératif négatif, au contraire, les pronoms se placent avant le verbe.
  *Ne **le** regarde pas !*
  *Ne **lui** réponds pas !*
- Dans les phrases au passé composé, les pronoms se placent avant l'auxiliaire. Lorsque le pronom est un COD et qu'il se trouve avant l'auxiliaire **avoir**, le participe passé s'accorde en genre et en nombre avec celui-ci.
  *Mais monsieur, je vous **l'**ai dit, je ne suis pas en forme.*
  Elle a écouté les élèves. → *Elle **les** a écouté**s**.*

2 Transforme à l'impératif affirmatif et négatif.

1 Tu lui parles.
Parle-lui !
Ne lui parle pas !
2 Nous l'attendons.
____
____
3 Tu dois te lever.
____
____
4 Vous le prenez.
____
____
5 Vous me parlez.
____
____
6 Tu les ranges.
____

3 Cherche dans la grille les pronoms COI.

L	N	O	U	S
U	M	E	X	O
I	B	K	T	E
A	L	E	U	R
V	O	U	S	P

4 Écris des phrases avec les pronoms de l'exercice 3.

1 Il lui parle au téléphone.
2 ____
3 ____
4 ____
5 ____
6 ____

5 Remplace les mots soulignés par le pronom qui correspond.

1 Tu as compris <u>le professeur</u>.
Tu l'as compris.
2 Elle n'a pas mangé <u>les pommes</u>.
____
3 Il a entendu <u>l'histoire</u>.
____
4 Nous avons fait <u>les exercices</u>.
____
5 Elle a écrit <u>à ses amis</u>.
____
6 Ils ont répondu aux parents.
____

Les verbes *boire* et *rendre*

Indicatif présent	
boire	**rendre**
Je bois	Je rends
Tu bois	Tu rends
Il / Elle boit	Il / Elle rend
Nous buvons	Nous rendons
Vous buvez	Vous rendez
Ils / Elles boivent	Ils / Elles rendent

Les verbes *suivre* et *sourire*

Indicatif présent	
suivre	**sourire**
Je suis	Je souris
Tu suis	Tu souris
Il / Elle suit	Il / Elle sourit
Nous suivons	Nous sourions
Vous suivez	Vous souriez
Ils / Elles suivent	Ils / Elles sourient

- Le verbe **rire** se conjugue comme **sourire** et le verbe **poursuivre** se conjugue comme **suivre**.

6 Complète les phrases avec le présent des verbes proposés.

boire (2x) • rendre (2x) • sourire
suivre (2x) • rire (2x) • poursuivre

1 Tu bois un jus de fruits avec moi?
2 Louise ____ toujours.
3 Mon père ____ du café le matin.
4 Il ____ le manuel à sa copine.
5 Elles ____ avec leurs copines.
6 Vous ____ le cours de français.
7 Elles se ____ chez eux.
8 Nous ____ la lecture de ce livre.
9 Les policiers ____ leur enquête.
10 Je ____ jusqu'aux larmes en regardant le film.

Lire

1 Au secours ! Associe les situations aux gestes.

Situations

1 ☐ En cas de brûlure.
2 ☐ Douleur à la poitrine.
3 ☐ Blessé inconscient.
4 ☐ Face à une personne qui s'étouffe.
5 ☐ Le blessé saigne.
6 ☐ Le blessé a une plaie grave.

Gestes

A
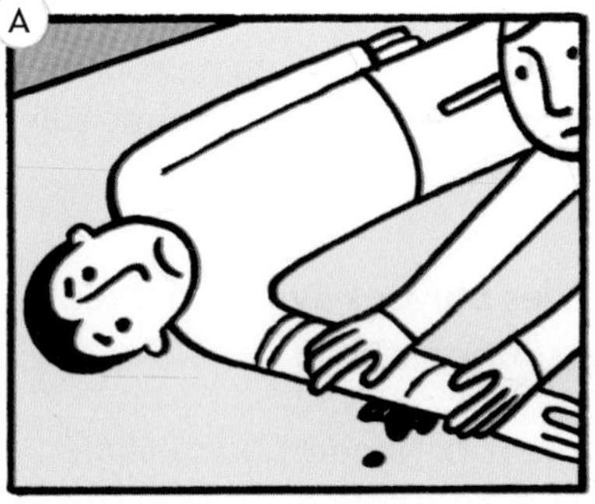

Allonger le blessé, puis comprimer la plaie avec la paume de la main. En aucun cas ne donner à boire ou à manger au blessé.

B

Arroser la brûlure avec de l'eau froide pendant cinq minutes.

C

Mettre le blessé au repos en l'allongeant.

D

Allonger le blessé. En aucun cas ne le laisser debout ni lui donner à boire ou à manger.

E
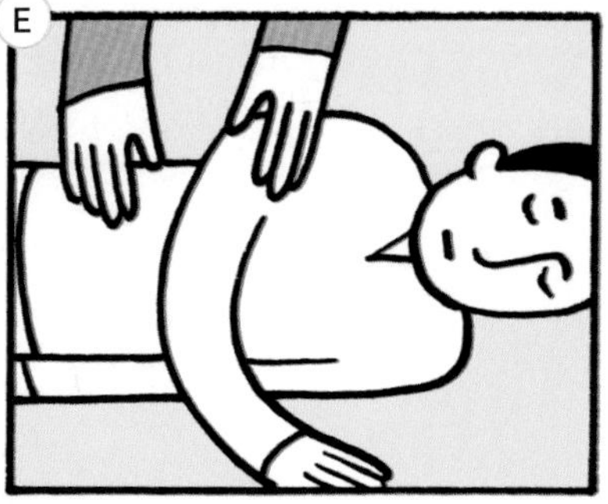

Placer le blessé sur le côté en faisant lentement tourner son corps sans le tordre.

F
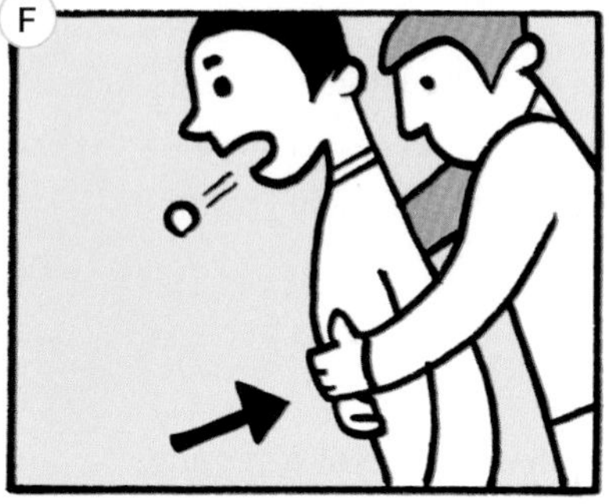

Appuyer au-dessus du nombril pour augmenter la pression dans les poumons et permettre l'expulsion du corps étranger coincé dans les voies respiratoires.

BONNE IDÉE !

Dans cette activité, on te demande d'associer des gestes à des situations.
Lis la consigne en premier, puis les phrases qui expliquent chaque situation. Cherche dans ces phrases un ou plusieurs mots qui vont te permettre de trouver la solution.

Écouter

2 Écoute et associe chaque symbole à sa signification.

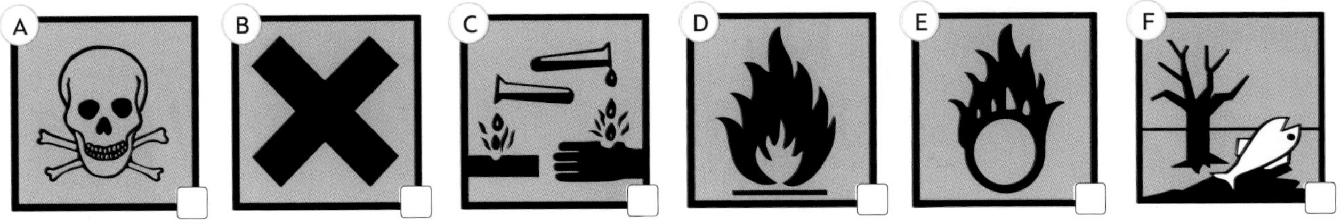

Parler

3 Explique ce qui s'est passé et donne des conseils pour secourir les blessés.

Écrire

4 Ta mère est partie en voyage. Elle t'a laissé un petit mot pour te dire de ne pas mélanger les bouteilles et de faire attention aux risques. Imagine le texte.

2 ON FAIT LES MAGASINS

Dans cette unité, j'apprends :

- à acheter des vêtements, à demander et à donner des informations, à donner son avis ;
- les vêtements et les accessoires ;
- les adjectifs *beau, nouveau, vieux, fou, mou* ; les pronoms relatifs *qui* et *que*, les adverbes exclamatifs, le passé composé à la forme négative.

1 Écoute et lis.

Caroline Qu'est-ce que tu penses de cette robe ? Elle me va comment ?

Nathalie Assez bien ! Mais pourquoi tu n'essayes pas aussi la bleue ? C'est une robe qui est bien.

Caroline Elle est trop élégante ! Bon, passe-la-moi quand même !

Nathalie Tu fais quelle taille ?

Caroline Du 38.

Nathalie Attends, je ne trouve pas le 38. Madame, vous avez la taille 38 ?

Vendeuse Non, il reste un 40.

Caroline Non, le 40, c'est trop grand ! Alors, la tunique en coton. Qu'elle est jolie !

Nathalie Voilà. Pendant que tu fais ton choix, je cherche un nouveau pantalon. J'aimerais essayer un pantacourt et un t-shirt assorti.

Le portable de Caroline sonne.

Caroline Allô ! Oui, je suis dans un grand magasin avec Nathalie. On essaye des fringues. Tu nous retrouves ?

Nabil Oui, dans une demi-heure.

Caroline Parfait ! Nous, on continue !

Nathalie Caroline ! Qu'est-ce que tu penses de ce pantalon blanc, en lin, à pois rouges ? Et de ce t-shirt à fleurs jaunes ? Tu aimes ?

Caroline Oui, mais ne les mets pas ensemble !

Nathalie Tu payes avec ton argent de poche ?

Caroline Oui, voici l'argent !

BON À SAVOIR !

fringues (*fam.*) = vêtements
braderie = vente d'occasion
argent de poche = argent que les parents donnent aux enfants

2 Lis le dialogue et le texte de l'encadré, puis dis si les affirmations sont vraies (V) ou fausses (F) ou on ne sait pas (?).

		V	F	?
1	Caroline essaye un pantalon.	☐	☒	☐
2	Nathalie porte du 40.	☐	☐	☐
3	Elle cherche un pantacourt marron.	☐	☐	☐
4	Nathalie parle au téléphone avec Nabil.	☐	☐	☐
5	Nabil les retrouve dans une demi-heure.	☐	☐	☐
6	Le samedi, on peut acheter ou changer des fringues.	☐	☐	☐
7	Le soir, on organise une grillade.	☐	☐	☐
8	On doit téléphoner pour avertir.	☐	☐	☐

Braderie !
Vous voulez acheter ou changer des fringues ? Des nouveaux maillots de bain pour l'été, des blouses, des jupes, des pantalons, des pantacourts... Et à midi une grillade en plein air. Écrivez un mail pour nous avertir de votre présence. Nous serons là pour vous accueillir le samedi de 9h à 19h.
Pour tout contact :
fringues-jeunes@hotmail.fr ou via facebook

3 Que se passe-t-il ? Complète le résumé.

Caroline et Nathalie aiment les fringues. Caroline veut acheter une ____________ mais il n'y a pas sa ____________. Nathalie veut s'acheter un nouveau ____________. Caroline aime bien le ____________ à fleurs jaunes et le ____________ blanc, en lin, à pois rouges. Nabil arrive dans une demi-heure.

C'EST TON TOUR !

4 Et toi, aimes-tu acheter des vêtements ? Fais-tu les magasins ? Quand et avec qui les fais-tu ?

Les vêtements et les accessoires

14 **1** **Noémie et Florian partent pour le Canada. Écoute le dialogue et coche les vêtements et accessoires que tu entends.**

A ☐ des lunettes de soleil

B ☐ une combinaison de ski

C ☐ des moufles

D ☐ un survêtement

E ☐ un pyjama

F ☐ des mocassins

G ☐ une veste

H ☐ un polo

I ☐ un porte-monnaie

J ☐ une tunique

K ☐ un pantacourt

L ☐ un sac à main

M ☐ des collants

N ☐ des colliers

O ☐ des bagues

P ☐ des boucles d'oreilles

Q ☐ des bracelets

R ☐ une montre

S ☐ des ballerines

T ☐ des bottines

2 Écoute encore le dialogue et fais leurs valises.

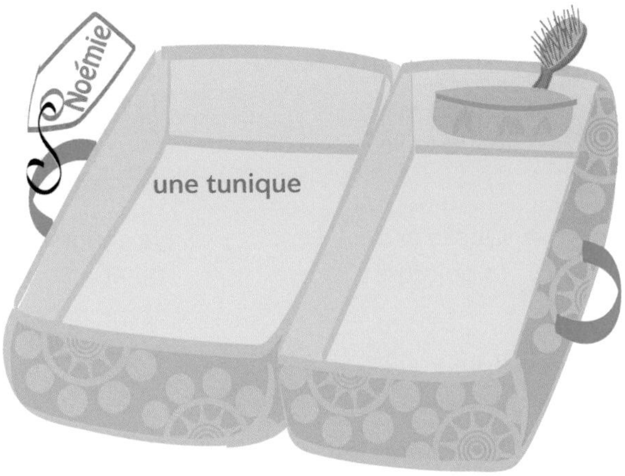

3 Associe les tissus ou les matériaux aux articles.

cuir • coton • laine • jean • or • argent • flanelle • viscose • lin

1 un blouson : cuir, jean
2 une veste : ______
3 un pyjama : ______
4 un pullover : ______
5 des mocassins : ______
6 une bague : ______
7 une robe : ______
8 un pantalon : ______

SONS ET LETTRES

Les son [j]

1 Écoute et fais attention à la prononciation.

vieil • feuille • yeux • rail • bien • fièvre
cuillère • Lyon • œil • travail

- En français, le son [j] correspond à différentes graphies :
  - **i** et **y** suivis d'une voyelle : **ciel, loyer** ;
  - **ill** suivi d'une voyelle et précédé d'une consonne ou d'une voyelle : **vieille, papillon** ;
  - **il** à la fin d'un mot précédé d'une voyelle : **travail**.

16 **2** Écoute et indique si tu entends le son [j].

	1	2	3	4	5	6
oui	☒	☐	☐	☐	☐	☐
non	☐	☐	☐	☐	☐	☐

17 **3** Lis plusieurs fois cette comptine. Ensuite, écoute et vérifie.

Le Papillon
Trois cents millions de papillons
Sont arrivés à Châtillon
Afin de boire du bouillon
Châtillon-sur-Loire,
Châtillon-sur-Marne,
Châtillon-sur-Seine.

Acheter des vêtements

18 **1 Écoute et répète.**

A Je peux vous aider ? B Je cherche un pantalon.

A Qu'est-ce que vous désirez ? B Je désire des lunettes.

A Vous voulez essayer des pantalons ? B Oui, merci !

A Je peux vous conseiller ? B Je veux voir une bague.

A Il coûte combien ?
A Ça fait combien ? — B 80 €.

2 Complète.

1 **Je peux vous aider ?**
Je cherche un porte-monnaie en cuir.
2 ______________________
Nous cherchons un cadeau pour un copain.
3 ______________________
Je veux essayer ces lunettes.
4 ______________________
Nous voulons des collants noirs.
5 ______________________
20 euros.
6 ______________________
C'est trop cher !

Demander et donner des informations

19 **3 Écoute et répète.**

A Quelle est votre taille ? B Je fais du 38.

A Quelle est ta pointure ? B Je chausse du 40.

A Vous voulez essayer ?
A Tu préfères les chaussures en cuir ? — B Oui, merci !

A Vous avez ce modèle en rouge ? B Oui, le voilà !

A C'est pour vous ? — B Oui.
— B Non, c'est un cadeau !

4 Complète le dialogue. Puis, joue-le avec un(e) camarade.

– **Bonjour, vous désirez ?**
– Je cherche des mocassins !
– ______________________.
– Est-ce que je peux essayer le modèle en cuir bleu ?
– ______________________.
– Je chausse du 39. Vous avez ce modèle en cuir marron ?
– ______________________.
– J'essaye le modèle en cuir bleu, alors. Il coûte combien ?
– ______________________.
– Ce n'est pas trop cher !
– ______________________?

Demander et donner son avis

5 Écoute et répète.

A Qu'est-ce que tu en penses ? — B C'est original !

A Vous aimez ce modèle ? — B Ça fait vieux !

A Comment tu trouves la ceinture ? — B Elle n'est pas mal !

A Quelle veste me conseillez-vous ? — B La veste en coton !

6 Par deux. Demande à un(e) camarade son avis sur ces accessoires. Il/Elle te répond.

Qu'est-ce que tu en penses ?

Ça fait vieux !

1

2

3

4

5

6

7 Caroline et Nabil essayent des vêtements et ils demandent des conseils au vendeur. Joue le dialogue avec un(e) camarade.

C'EST TON TOUR !

8 Par deux. Imaginez le dialogue en suivant ce canevas.

Élève A

Tu joues le rôle du vendeur ou de la vendeuse. Tu accueilles le/la client(e) et tu lui montres le produit. Tu lui demandes sa taille ou sa pointure, tu lui donnes le prix et tu fais payer.

Élève B

Tu es le/la client(e). Tu demandes des informations sur un produit que tu veux essayer. Tu demandes le prix et l'achètes.

Les adjectifs à double forme

1 Relis le dialogue de la page 25 et complète la phrase.

Je cherche un ______________ pantalon.

Masculin singulier	Masculin pluriel
beau / bel vieux / vieil fou / fol nouveau / nouvel mou / mol	beaux vieux fous nouveaux mous

- Certains adjectifs ont une double forme au masculin singulier. La deuxième forme s'emploie devant des mots masculins commençant par une voyelle ou un **h** muet.
  *Je regarde un **vieux** livre avec un **vieil** ami.*
- Les formes du féminin sont :

Féminin singulier	Féminin pluriel
belle vieille folle nouvelle molle	belles vieilles folles nouvelles molles

2 Complète avec les adjectifs à la forme qui convient.

1 Je veux un nouveau (nouveau) cahier.
2 C'est une ______________ (vieux) jupe.
3 C'est une ______________ (beau) chanson.
4 J'habite dans un ______________ (vieux) appartement.
5 Mon père est un ______________ (beau) homme.
6 Vous portez de ______________ (nouveau) chaussures.

Les pronoms relatifs *qui* et *que*

- Les pronoms relatifs permettent de mettre en relation deux phrases.
- Le pronom **qui**, sujet, s'emploie pour les objets et pour les personnes. Il ne s'apostrophe jamais.
  *Le garçon **qui** arrive est Marc.*
  *Le livre **qui** est sur la table.*
- Le pronom **que**, complément d'objet direct, s'emploie pour les objets et pour les personnes. Il s'apostrophe devant une voyelle ou un **h** muet.
  *La jupe **que** je veux est la rouge.*
  *Le garçon **que** je connais est blond.*
  *Le village **qu'**ils ont visité se trouve en Bretagne.*

3 Complète les phrases avec un pronom relatif.

1 Nous avons mangé des crêpes qui sont salées.
2 Voilà le livre ______________ je dois lire.
3 C'est toi ______________ parles au téléphone ?
4 Ce sont des élèves ______________ ne travaillent pas.
5 C'est un film ______________ je veux voir.
6 Regarde la BD ______________ j'aime.
7 J'ai un frère ______________ étudie à Grenoble.
8 J'aime les chaussures ______________ tu portes.
9 Ma copine Amélie a chanté une chanson ______________ je n'aime pas.
10 Comment s'appelle le garçon ______________ a sonné à ta porte hier midi ?

4 **Relie les phrases comme dans l'exemple.**

1 Tu cherches le garçon brun ? Il vient de partir.
Tu cherches le garçon brun qui vient de partir ?
2 C'est ma copine. Elle est grande et blonde.
____
3 J'ai un ami canadien. Mon ami ne parle pas français.
____
4 Mes grands-parents habitent une jolie maison. La maison se trouve à la campagne.
____
5 Ce sont des jupes. Elles sont rouges et marron.
____
6 Elle aime jouer à l'ordinateur. Il se trouve dans la chambre de son frère.
____

Les exclamatifs

5 **Relis le dialogue de la page 25 et complète la phrase.**

- L'exclamation peut être introduite par :
  - l'adjectif **quel** + un nom
    Quel *mauvais temps !*
    Quelle *horreur !*
  - les adverbes **que** / **qu'** et **comme** + sujet + verbe
    Qu'*elle est jolie !*
    Comme *il est beau !*
  - la formule **qu'est-ce que**
    Qu'est-ce qu'*il est sympa !*

6 **Transforme les phrases.**

1 Tu es fou. Que tu es fou !
2 Tu es sympa. _______________
3 Elle étudie. _______________
4 Le beau temps. _______________
5 Il parle bien. _______________
6 Il neige. _______________

Le passé composé à la forme négative

- Si la phrase au passé composé est à la forme négative, **ne** précède l'auxiliaire et **pas** le suit.
  *Je **n'**ai **pas** acheté beaucoup de fringues.*

7 **Mets les phrases à la forme négative.**

1 Vous avez pris l'argent.
Vous n'avez pas pris l'argent.
2 Nous sommes allés à Paris.
____
3 Tu as vu les copains hier.
____
4 Ils sont arrivés mardi matin.
____
5 Elle a écrit à sa maman.
____
6 Nous avons regardé un beau film.
____
7 Je me suis levé à 8 heures.
____
8 Il est né en février.
____

Écouter

21 **1** **Associe les dialogues aux images.**

2 **Dis si les affirmations sont vraies (V) ou fausses (F).**

		V	F
1	Un vendeur demande la taille.	☒	☐
2	Une personne donne sa pointure.	☐	☐
3	Une personne hésite entre une veste marron et une veste bleue.	☐	☐
4	Une personne veut une robe violette.	☐	☐
5	On demande un porte-monnaie.	☐	☐
6	Une personne veut faire un cadeau.	☐	☐

Parler

3 **Ton copain ou ta copine fête son anniversaire. Tu dois acheter un cadeau. Imagine le dialogue avec le vendeur/la vendeuse dans un magasin. Joue-le avec un(e) camarade.**

Lire

4 Sais-tu lire les étiquettes ? Associe les symboles aux précautions.

1 ☐

2 ☐

3 ☐

4 ☐

5 ☐

6 ☐

7 ☐

8 ☐

A
Laver à la main
L'article ne doit pas être lavé en machine.

B
Ne pas sécher en tambour
L'article ne doit pas être mis dans un sèche-linge.

C
Peut être passé au chlore
L'article peut être lavé avec du chlore.

D
Ne pas repasser
L'article ne doit pas être repassé.

E
Température de repassage
Le logo peut comporter de 1 à 3 points en son centre.
1 point : chaleur faible
2 points : chaleur moyenne
3 points : chaleur forte

F
Température de lavage
La température de lavage recommandée est indiquée au centre du logo : 90°, 60°, 40°, etc.

G
Ne pas laver à l'eau
Un nettoyage à sec est recommandé.

H
Ne pas utiliser de chlore
L'article ne doit pas être lavé avec du chlore.

Écrire

5 Tu dois passer une année aux États-Unis. Avant de partir, tu écris un mail à ton/ta copain/copine pour lui dire ce que tu as acheté. Rédige le mail.

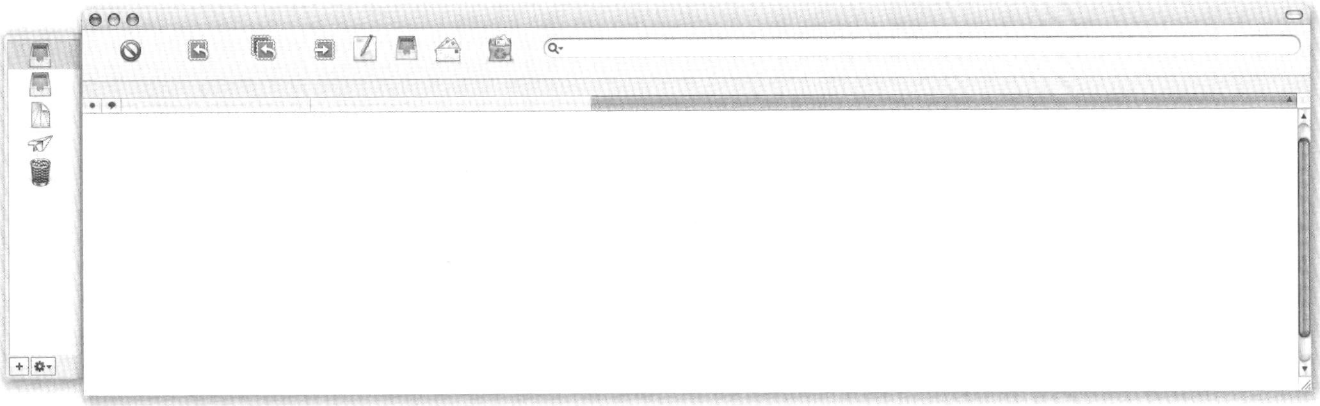

J'APPRENDS UNE LEÇON EFFICACEMENT !

1 J'apprends à reconnaître les idées essentielles.

Elles sont dans le titre et dans les sous-titres.

Elles sont dans les mots-clés soulignés ou en couleur.

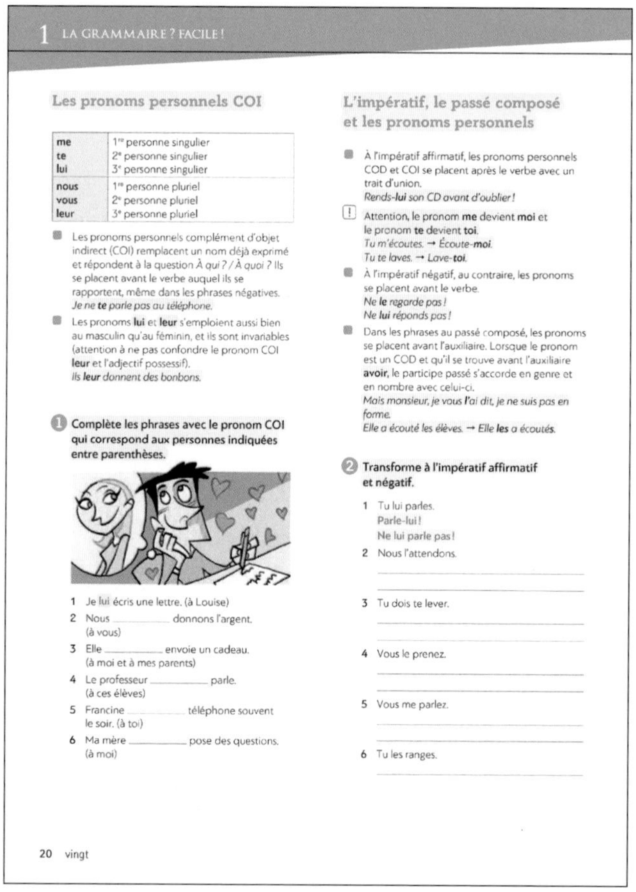

1 LA GRAMMAIRE ? FACILE !

Les pronoms personnels COI

me **te** **lui**	1re personne singulier 2e personne singulier 3e personne singulier
nous **vous** **leur**	1re personne pluriel 2e personne pluriel 3e personne pluriel

- Les pronoms personnels complément d'objet indirect (COI) remplacent un nom déjà exprimé et répondent à la question *À qui ? / À quoi ?* Ils se placent avant le verbe auquel ils se rapportent, même dans les phrases négatives.
  *Je ne **te** parle pas au téléphone.*
- Les pronoms **lui** et **leur** s'emploient aussi bien au masculin qu'au féminin, et ils sont invariables (attention à ne pas confondre le pronom COI **leur** et l'adjectif possessif).
  *Ils **leur** donnent des bonbons.*

1 Complète les phrases avec le pronom COI qui correspond aux personnes indiquées entre parenthèses.

1 Je lui écris une lettre. (à Louise)
2 Nous ______ donnons l'argent. (à vous)
3 Elle ______ envoie un cadeau. (à moi et à mes parents)
4 Le professeur ______ parle. (à ces élèves)
5 Francine ______ téléphone souvent le soir. (à toi)
6 Ma mère ______ pose des questions. (à moi)

L'impératif, le passé composé et les pronoms personnels

- À l'impératif affirmatif, les pronoms personnels COD et COI se placent après le verbe avec un trait d'union.
  *Rends-**lui** son CD avant d'oublier !*
- [!] Attention, le pronom **me** devient **moi** et le pronom **te** devient **toi**.
  *Tu m'écoutes. → Écoute-**moi**.*
  *Tu te laves. → Lave-**toi**.*
- À l'impératif négatif, au contraire, les pronoms se placent avant le verbe.
  *Ne **le** regarde pas !*
  *Ne **lui** réponds pas !*
- Dans les phrases au passé composé, les pronoms se placent avant l'auxiliaire. Lorsque le pronom est un COD et qu'il se trouve avant l'auxiliaire **avoir**, le participe passé s'accorde en genre et en nombre avec celui-ci.
  *Mais monsieur, je vous **l'**ai dit, je ne suis pas en forme.*
  *Elle a écouté les élèves. → Elle **les** a écoutés.*

2 Transforme à l'impératif affirmatif et négatif.

1 Tu lui parles.
Parle-lui !
Ne lui parle pas !
2 Nous l'attendons.
3 Tu dois te lever.
4 Vous le prenez.
5 Vous me parlez.
6 Tu les ranges.

20 vingt

2 Je comprends le sens de ces idées.

Il faut connaître la définition de chacune des idées et être capable de les réutiliser dans d'autres phrases.

3 Je crée des liens entre mes connaissances.

On mémorise mieux si on comprend. Il est donc important de se demander : *Est-ce que je connais des choses sur ces idées. Si oui, lesquelles ?*

Je crée des liens entre les idées, entre les cours, les événements, les informations.

4 J'organise les idées et je structure l'information.

Je repère les titres, le plan du chapitre et l'enchaînement des idées.

5 Je m'entraîne à mémoriser comme quand on s'entraîne à pratiquer un sport.

On ne va pas au match sans avoir assisté à l'entraînement !! Il faut de l'or-ga-ni-sa-tion :

- Je suis attentif/attentive en cours.
- Je demande de l'aide si je ne comprends pas quelque chose.
- Je relis régulièrement mes cours.
- Je suis dans un endroit calme et je suis concentré(e).
- Je connais mon style d'apprentissage (visuel, auditif ou kinesthésique).

6 Et pour vérifier que je sais ma leçon ?

- Je demande à un membre de ma famille de m'interroger.
- Je la raconte sous forme d'histoire à un(e) ami(e) ou à un membre de ma famille.

Et toi ?

1 Tu as d'autres conseils pour apprendre efficacement tes leçons ? Échange avec tes camarades.

2 Choisis une leçon de l'unité et prépare une fiche avec les idées-clés et des exemples.

BON À SAVOIR !

Sois constant(e) !
Relis tes leçons après chaque cours !

RITUEL

Apprends à anticiper !
Imagine les questions de l'examen. Dans ton cahier d'exercices, fais quelques activités que vous n'avez pas réalisées en classe.

3 UNE EXPÉRIENCE ÉCOLO

Stop à la pollution

AIDEZ-NOUS À PROTÉGER LA TORTUE CAOUANNE !

La tortue caouanne a disparu de plusieurs pays Méditerranéens : à cause du tourisme sur les côtes elle n'arrive plus à se reproduire. En mer, elle est parfois capturée par les filets de pêche. Elle est aussi victime de la pollution : elle mange les sacs en plastique qu'elle prend pour des méduses.

Son avenir dépend de nous !

SIGNONS LA PÉTITION !

PRÉNOM	E-MAIL	SIGNATURE

Dans cette unité, j'apprends :

- à raconter une expérience personnelle, à exprimer des états d'âme, à faire une interview ;
- le vocabulaire relatif à l'environnement, les noms de quelques animaux marins et les adjectifs pour exprimer les états d'âme ;
- l'accord du participe passé avec les verbes pronominaux, l'imparfait des verbes, la négation avec *jamais*, *plus* et *rien*.

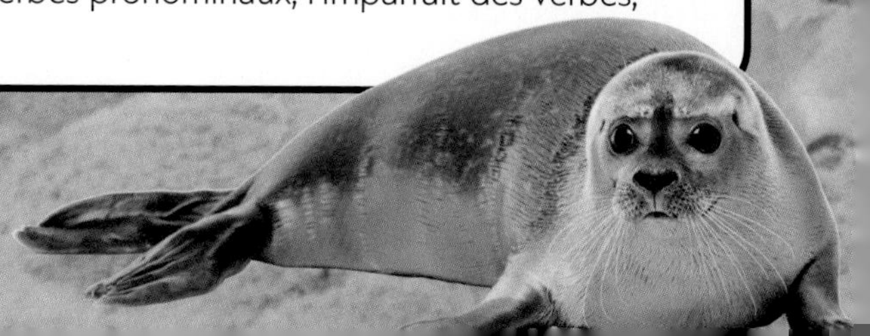

1 Écoute et lis.

Aude	Théo et moi, nous sommes revenus de la classe découverte hier, nous nous sommes bien amusés.
Axel	Vous avez passé de bonnes vacances ?
Théo	Oui, nous sommes tristes d'être rentrés. Nous avons participé à une campagne pour la protection de l'environnement.
Axel	Je suis content pour vous. Et puis, qu'est-ce que vous faisiez ?
Aude	On ramassait des déchets dans le parc, on parlait du recyclage.
Théo	Le prof de SVT nous a montré comment on recycle le verre, le papier, le plastique...
Aude	Nous avons aussi organisé un micro-trottoir. Nous interrogions les passants sur la pollution.
Théo	Ils ont déclaré qu'ils trient les déchets. Quelle surprise !
Aude	Mais beaucoup ne s'intéressent pas à la nature. C'est inquiétant !
Axel	Organisons une campagne écolo ! Mais sur quoi ?
Théo	Faisons une pétition pour protéger la tortue caouanne. La pauvre prend les sacs en plastique pour des méduses.
Axel	Espérons recueillir beaucoup de signatures !
Aude	Vite, nous n'avons plus de temps à perdre !

2 Coche vrai (V) ou faux (F).

	V	F
1 Aude et Théo vont en classe découverte.	☐	☒
2 Ils ont passé de bonnes vacances.	☐	☐
3 Axel ramassait des déchets dans le parc.	☐	☐
4 Axel a participé à la classe découverte.	☐	☐
5 Tout le monde s'intéresse à la nature.	☐	☐
6 Théo veut faire une pétition.	☐	☐

3 Réponds aux questions dans ton cahier.

1. Qu'est-ce que Théo et Aude ont fait en classe découverte ?
2. Est-ce qu'ils sont contents d'être rentrés ?
3. Qu'est-ce que le prof de SVT a montré à ses élèves ?
4. Sur quoi Aude et Théo interrogeaient-ils les passants ?
5. Est-ce que tout le monde trie les déchets ?
6. Qu'est-ce qu'ils veulent organiser ?
7. Quel est le titre de la pétition ?
8. Quel est l'animal à protéger ?

4 Lis la pétition et cherche.

1. Deux causes de la disparition de la tortue caouanne.
2. Les termes qui se réfèrent au milieu de la tortue caouanne.

5 Michel interviewe une passante. Trouve l'ordre logique du dialogue.

- ☐ Il faut signer cette pétition.
- ☐ Bonjour. La tortue caouanne ?
- ☐ Une tortue qui vivait dans la Méditerranée et qui a presque disparu à cause de la pollution.
- 1 Bonjour, madame. Nous faisons une pétition pour protéger la tortue caouanne.
- ☐ De rien, jeune homme.
- ☐ Donnez-moi la pétition, je vais signer, alors mon nom, mon mail et ma signature.
- ☐ La pauvre, que faut-il faire ?
- ☐ Merci, madame.

C'EST TON TOUR !

6 À deux. Posez-vous des questions sur ce que vous avez fait pendant les dernières vacances.

La protection de l'environnement

23 **1 Écoute et associe les déchets aux poubelles correspondantes.**

Pour préserver l'environnement, il faut recycler les déchets et les trier dans des poubelles de couleurs différentes.

1 2 3 4

A ☐

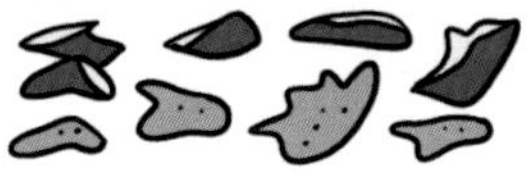

B ☐

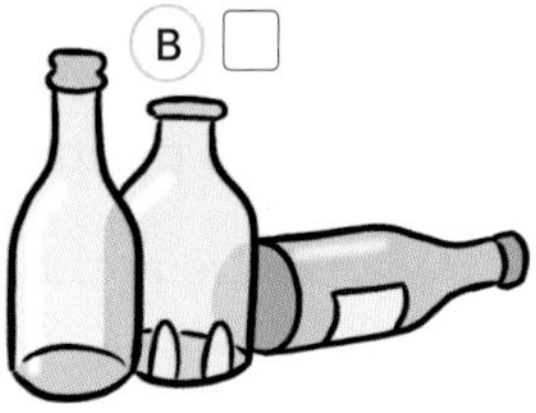

C ☐

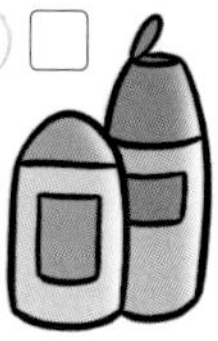

D ☐

E ☐

F ☐

G ☐

H ☐

I ☐

J ☐

BON À SAVOIR !

Monsieur Eugène Poubelle a inventé la **poubelle** en 1884. Il prévoyait déjà le **tri sélectif** que la France a mis en place en 1970.

2 Écris le verbe qui correspond à chaque action.

ramasser • ~~recycler~~ • jeter • trier • nettoyer • polluer

1

recycler

2

______

3

______

4

______

5

______

6

______

Quelques animaux

3 Associe les mots aux photos. Écoute et vérifie.

1	C le dauphin	4	☐ la mouette
2	☐ le phoque	5	☐ la tortue
3	☐ la baleine	6	☐ la méduse

A

B

C

D
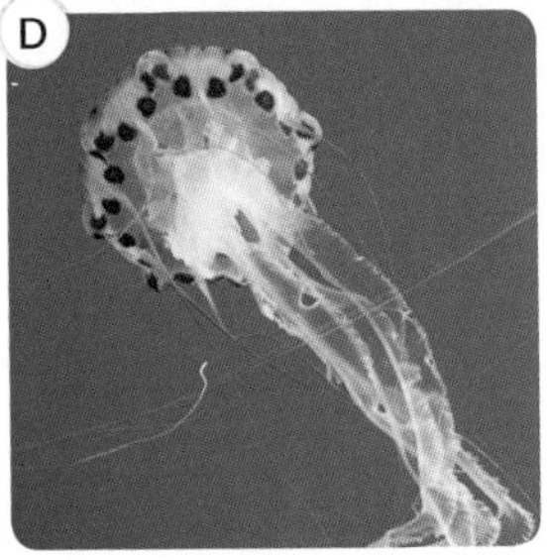
E

F

4 Lis les définitions et écris le nom de l'animal correspondant.

1 Cet animal, on le trouve aussi dans l'Antarctique : **le phoque**.

2 Elle communique avec ses amies grâce au chant : ______________ .

3 Elle est victime des filets de pêche : ______________ .

4 Cet oiseau est l'une des victimes de la marée noire : ______________ .

5 Il aime jouer avec les hommes : ______________ .

6 Dans l'eau, elles ressemblent à des sachets en plastique : ______________ .

Les états d'âme

25 **5 Associe les mots aux illustrations. Écoute et vérifie.**

1 C surpris
2 ☐ inquiet
3 ☐ triste
4 ☐ content
5 ☐ en colère
6 ☐ tranquille

A

B

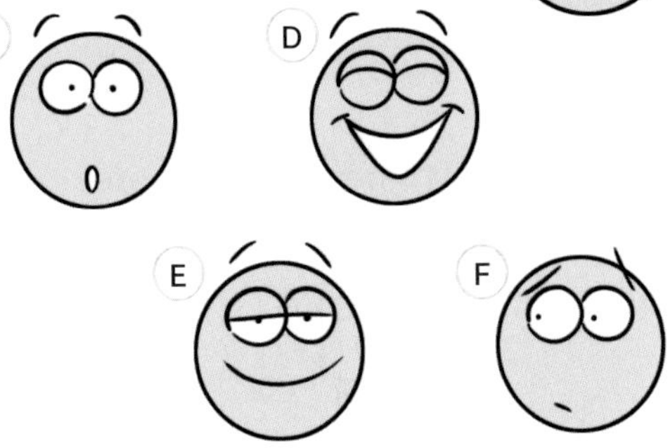

6 Complète.

1 J'ai eu une mauvaise note. Comme je suis  triste !

2 Quand Michel est  ______________ , il chante.

3 Mon frère a cassé un verre. Ma mère est  ______________ !

4 Laisse-moi  ______________ , s'il te plaît !

5 Nous sommes très  ______________ ! Il n'est pas encore rentré.

6 Elles ont gagné le 1er prix. Elles sont  ______________ .

Raconter une expérience

26 **1 Écoute et répète.**

A Qu'est-ce que tu as fait ?
- B Je vais te raconter.
- B J'ai participé à...
- B Je suis allé...

A Vous vous êtes amusés ?
- B Oui, nous nous sommes bien amusés.
- B Non, pas trop.

A C'était intéressant ?
- B Oui, très intéressant.
- B Pas du tout.

2 Observe les vignettes et raconte.

1 Qu'est-ce que tu as fait ?

Je suis allée en vacances à Lorient, en Bretagne...

2 Qu'est-ce que vous avez fait ?

Nous avons participé à une campagne écolo...

Demander et dire son état d'âme

27 **3 Écoute et répète.**

A Comment te sens-tu ?
- Comme c'est marrant !
- Que je suis content !
- Ça m'est égal !
- Quel dommage !

B Je suis triste.
- C'est décevant !
- Je suis en colère !
- J'ai peur !

4 Exprime la réaction de ces personnes.

1

Quel dommage !

2

______

3

______

4

______

Faire une interview

28 **5 Écoute et répète.**

A Que peuvent faire les jeunes pour... ?
B Ils peuvent...

A Faut-il s'occuper de ce problème ?
- B Oui, il le faut !
- B Oui, bien sûr !

A Pourquoi le faites-vous ?
B Parce que je pense que c'est une bonne solution.

- Selon vous, il est nécessaire de... ?
- Qu'est-ce que vous avez fait pour... ?
- Que pensez-vous de... ?
- Vous savez que... ?

6 Complète l'interview et joue-la avec un(e) camarade.

Le sujet de l'interview est la lutte contre la pollution.

Bonjour, monsieur.

Bonjour.

Selon vous, il est nécessaire de s'occuper de la pollution ?

____

Qu'est-ce que vous faites ?

____

C'est-à-dire ?

____

Pourquoi le faites-vous ?

____

C'EST TON TOUR !

7 Par deux. Imaginez et jouez le dialogue.

Lucas est parti faire du camping avec des amis. Il rentre chez lui et il a rendez-vous avec Caroline.

- Elle lui pose des questions sur ce qu'il a fait.
- Il lui raconte son aventure : avec ses copains, il a sauvé une tortue victime des filets de pêche.
- Caroline exprime ses sentiments ; elle est contente.
- Il est tard. Lucas doit rentrer. Ils se saluent.

Salut, Caro.

Salut, Lucas.

Qu'est-ce que tu as fait pendant tes vacances ?

SONS ET LETTRES

Les sons [e], [ɛ] et [ə]

29 **1 Écoute et fais attention à la prononciation.**

amie • après • arbre • école • elle • été
fête • joue • nez • volet

La voyelle **e** peut avoir différents sons :
- [e] = **e** fermé de *nez*
- [ɛ] = **e** ouvert de *fête*
- [ə] = **e** muet ou caduc de *joue*

30 **2 Écoute et coche.**

	1	2	3	4	5	6	7	8	9	10
[e]	☐	☐	☐	☐	☐	☐	☐	☐	☐	☐
[ɛ]	☐	☐	☐	☐	☐	☐	☐	☐	☐	☐
[ə]	☒	☐	☐	☐	☐	☐	☐	☐	☐	☐

31 **3 Lis plusieurs fois cette comptine, puis écoute et vérifie.**

Un singe à l'école
Mille cabrioles
La maîtresse lui court après
Il lui fait des pieds de nez
Il ouvre grand la fenêtre
Aujourd'hui, c'est jour de fête !
Un singe à l'école
La maîtresse en tombe folle

L'accord du participe passé des verbes pronominaux

- Les verbes pronominaux sont accompagnés des pronoms réfléchis **me**, **te**, **se**, **nous**, **vous**, **se**.
  Elle ***se*** *réveille à 7 heures.*
- Le participe passé des verbes pronominaux s'accorde en genre et en nombre avec le sujet si le pronom réfléchi a une valeur de complément d'objet direct.
  Elle ***s'****est lav****ée****.* (Elle a lavé qui ? Elle-même.)
- Si le pronom réfléchi a une valeur de complément d'objet indirect, le participe passé ne s'accorde ni en genre, ni en nombre avec le sujet.
  Ils ***se*** *sont parl****é****.* (Ils ont parlé à qui ? À eux-mêmes.)
- Si le verbe est suivi d'un complément d'objet direct, le participe passé ne s'accorde pas.
  Ils ***se*** *sont lav****é*** *les mains.* (Ils ont lavé quoi ? Les mains.)

1 Accorde le participe passé.

1. Elles se sont salué**es**.
2. Sophie s'est réveillé___ à 6h.
3. Ils se sont rencontré___ à la sortie du collège.
4. Véronique et Alain se sont promené___ dans le parc.
5. Hier, Laure s'est blessé___ .
6. Nous nous sommes levé___ à 5 heures.

2 Fais l'accord du participe passé si nécessaire.

1. Lucie et Jeanne se sont disputé**es**.
2. Ma sœur s'est cassé___ le bras.
3. Maurice s'est lavé___ les cheveux.
4. Ils se sont salué___ devant le collège.
5. Est-ce que Aude s'est lavé___ les mains ?
6. Nous nous sommes rencontré___ à 17h.

L'imparfait

- Observe la phrase :
  Nous ***interrogions*** *les passants sur la pollution.*

- L'imparfait se forme en ajoutant à la racine de la première personne du pluriel de l'indicatif présent les terminaisons : **-ais**, **-ais**, **-ait**, **-ions**, **-iez**, **-aient**.

➪ Voir : *Tableau des conjugaisons.*

	Imparfait
Nous parlons	Je parl**ais**
Nous finissons	Tu finiss**ais**
Nous avons	Il/Elle av**ait**
Nous allons	Nous all**ions**
Nous venons	Vous ven**iez**
Nous sortons	Ils/Elles sort**aient**

- Le verbe **être** ne suit pas cette règle.

J'étais
Tu étais
Il/Elle était
Nous étions
Vous étiez
Ils/Elles étaient

- L'imparfait :
  - exprime une action qui a eu lieu dans le passé.
    En classe découverte, nous ***interrogions*** *les passants sur la pollution.*
  - exprime un fait qui se répète plusieurs fois dans le passé.
    Tous les ans, le collège ***organisait*** *une pétition.*
  - s'emploie dans les narrations, pour décrire des circonstances.
    Hier, il ***faisait*** *beau et avec mes parents nous sommes allés à la mer.*

3 **Conjugue les verbes entre parenthèses à l'imparfait.**

1 Il **prenait** (prendre) le bus pour aller au collège.
2 Elles ______________ (s'amuser) dans la cour du collège.
3 Nous ______________ (aimer) lire des polars pendant les vacances.
4 Ils ______________ (faire) le point sur les cours.
5 Vous ______________ (manger) des fruits tous les matins.

4 **Complète le texte avec l'imparfait des verbes proposés.**

vouloir • réussir • être (2x) • savoir
essayer • aller • sortir • penser

Dans la salle de classe, j'**étais** (1) débout devant ma table. Le prof de SVT ______________ (2) m'interroger mais je ne ______________ (3) pas à parler. Mes camarades ______________ (4) de m'aider mais pas un mot ne ______________ (5). Je ne ______________ (6) plus quoi faire. Je ______________ (7) à la mauvaise note qu'il ______________ (8) me mettre. Alors, je me suis levé et j'ai crié si fort que je me suis réveillé. Heureusement, ce n'______________ (9) qu'un rêve.

La forme négative

- La phrase négative se forme en mettant **ne** avant le verbe et **pas** après le verbe.
  *Je **ne** parle **pas** anglais.*
- L'adverbe **pas** peut être remplacé par **plus**, **jamais** ou **rien**.
  *Je **ne** sors **jamais** le mercredi après-midi.*
- Avec la forme **ni ... ni**, on ne met pas l'adverbe **pas**.
  *Je **n'**aime **ni** les jupes **ni** les robes.*
- Si le verbe est à l'infinitif, la phrase se construit en mettant **ne** et **pas** avant le verbe.
  *Je te demande de **ne pas** crier.*
- Quand la phrase négative a un sens restrictif, elle se construit avec **ne ... que**.
  *Je **n'**ai **qu'**une voiture.*

5 **Transforme les phrases à la forme négative.**

1 Tu lis un roman. (rien)
Tu ne lis rien.
2 Je vais au cinéma. (jamais)
____
3 Elle connaît ma sœur et mon frère. (ni ... ni)
____
4 Nadège boit du jus de fruits. (ne ... que)
____
5 Ils nagent le matin. (plus)
____
6 Nicolas a faim le soir. (jamais)
____
7 Claire aime aller au lycée à pied. (plus)
____
8 J'ai fait mes devoirs. (rien)
____

6 **Remets les mots dans l'ordre pour former des phrases négatives.**

1 gants - trouve - ni - je - ne - mon - ni - écharpe - mes
Je ne trouve ni mon écharpe ni mes gants.
2 ni - ne - Karim - Bastien - vois - je - ni
____
3 jamais - mangez - ne - vous - de - pain
____
4 n' - mère - ma - supermarché - rien - achète - au
____
5 ne - été - en - je - la - vais - mer - jamais - à
____
6 qu' - livre - n' - a - lire - un - à - Françoise
____
7 Camille - mange - midi - de - ne - que - la - salade - à
____
8 surprise - son - Nicole - voir - ne - est - de - pas - frère
____
9 plus - fête - Anne - ne - à - vient - la
____
10 trouve - pas - Manon - son - ne - sac
____

Écouter

32 **1 Écoute l'interview et réponds aux questions. Plusieurs réponses sont possibles.**

1 Quel est le sujet de l'interview ?
- A ☐ Les animaux sauvages.
- B ☐ Les animaux en voie de disparition.
- C ☐ Les animaux disparus.

2 Quelles sont les causes selon Aude et Théo ?
- A ☐ La chasse.
- B ☐ La détérioration de la forêt.
- C ☐ La pêche.

3 Quelles espèces sont citées ?
- A ☐ L'ours polaire, le béluga, le panda géant, le tigre d'Inde et le grizzli.
- B ☐ L'ours polaire, le béluga, le tigre d'Afrique, le rhinocéros et le lion.
- C ☐ L'ours polaire, l'éléphant, le panda géant, le tigre d'Afrique et le zèbre.

32 **2 Écoute encore une fois et entoure sur la carte les pays ou les zones géographiques mentionnés.**

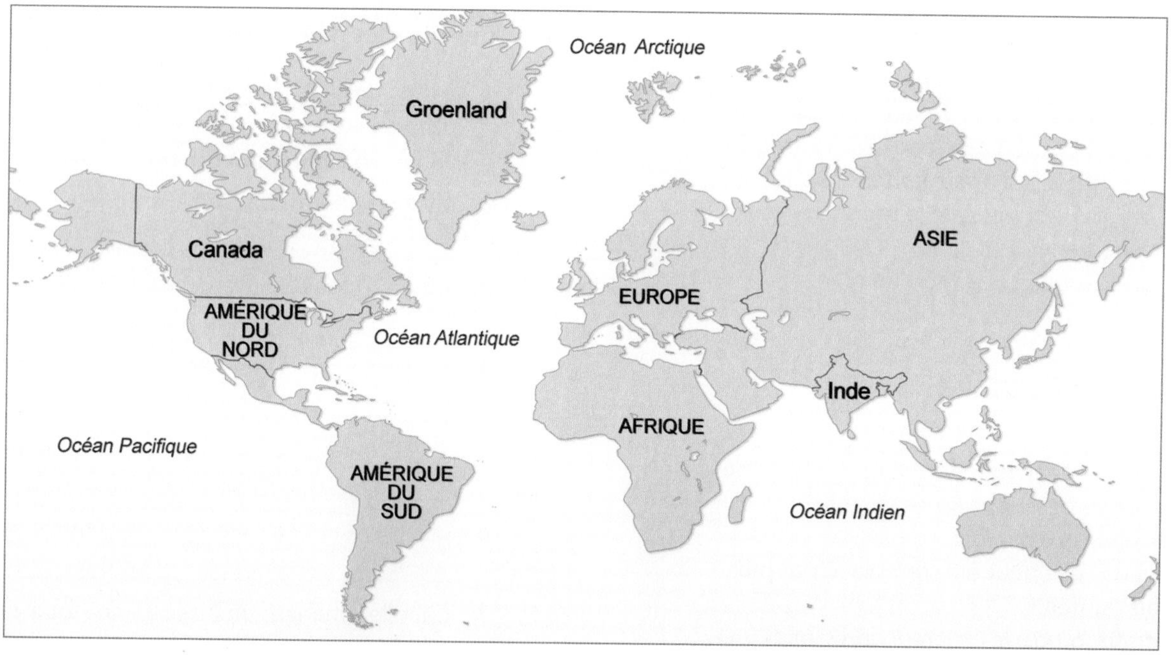

Parler

3 Par deux. Tu veux participer à une classe découverte et tu essaies de convaincre un(e) camarade de t'accompagner. Discutez des avantages et des inconvénients.

BONNE IDÉE !

Comme tu l'auras remarqué durant l'interview, quand les personnes parlent elles emploient des expressions propre à l'oral (**oh, heu, ah oui, bof**...) qui servent à prendre du temps et à réfléchir sur les réponses à donner.

Lire

4 Lis et réponds aux questions.

Journaliste Pouvez-vous nous parler de la Journée mondiale des océans ?

Mme Perrier Pour les bénévoles de Greenpeace, la JMO est un rendez-vous important pour faire prendre conscience aux gens de la nécessité de créer des réserves marines.

Journaliste Pourquoi a-t-on besoin de ces réserves ?

Mme Perrier Pour défendre le milieu marin. La pêche destructrice et la pollution contribuent à l'extinction de nombreuses espèces animales.

Journaliste Quelles sont les activités que vous proposez pour sauvegarder ce milieu ?

Mme Perrier Nous organisons des stands et des rencontres d'information, des ateliers pour les enfants et des chaînes humaines pour rendre visible la nécessité de créer ces réserves.

Journaliste Faites-vous signer des pétitions ?

Mme Perrier Oui, bien sûr. Près de 47 000 personnes ont déjà signé en faveur des réserves marines.

1 De quoi s'agit-il ?
- A ☐ D'une interview.
- B ☐ D'un article.
- C ☐ D'une annonce.

2 Quel est le sujet ?
- A ☐ Les bénévoles de Greenpeace.
- B ☐ La pêche.
- C ☐ La Journée mondiale des océans.

3 On doit créer des réserves marines pour
- A ☐ défendre la mer.
- B ☐ polluer la mer.
- C ☐ sauvegarder les personnes.

4 Les bénévoles proposent (*deux réponses attendues*)
- A ☐ des stands.
- B ☐ des rencontres.
- C ☐ des débats.

5 La pétition a été efficace.
- A ☐ Vrai. B ☐ Faux.

Écrire

5 Tu as lu cette annonce et tu es intéressé(e). Tu envoies un message électronique pour t'inscrire et pour présenter un projet pour la protection de l'environnement.

Concours : L'école écologique

L'association française Naturécole organise un concours. Pour participer, proposez le texte d'une pétition sur un de ces thèmes : la protection de l'air, de la terre, de la mer.

Écrivez-nous à l'adresse suivante :
concours@naturecole.org

4 AUX GRANDS MAGASINS

Portable Techno

Achetez le nouveau portable Techno et enregistrez vos contacts dans son répertoire hyper fonctionnel.
Ce portable dont l'écran haute définition est de 5 pouces a une mémoire de 16 GO et un appareil photo de 10 mégapixels. Les écouteurs sont gratuits, profitez de la promotion.
Ne perdez pas un instant, allez dans le magasin Techno le plus proche de chez vous !

BON À SAVOIR !

boîtier = corps d'un téléphone
moche (*fam.*) = pas beau
laisser tomber (fam.) = ne pas insister
un tube = un succès musical

Dans cette unité, j'apprends :

- à décrire quelque chose, à demander et donner des informations et des instructions dans un magasin, à comparer des objets ;
- le vocabulaire relatif aux objets technologiques de la vie quotidienne, aux formes et aux matériaux ;
- les pronoms relatifs *dont* et *quoi*, le pronom *en*, le comparatif de qualité, l'infinitif dans les phrases affirmatives et négatives, les verbes *envoyer* et *appuyer*.

1 Écoute et lis.

Paul Bonjour, monsieur. Est-ce que vous avez le dernier modèle des portables TECHNO dont le boîtier est en métal ?

Vendeur Attends ! Je vais voir en vitrine.

Le vendeur entre dans la vitrine où se trouvent les portables et les MP3.

Vendeur Désolé, il n'y en a plus. Tu veux voir ce portable-là ?

Le vendeur indique un portable dans une boîte en carton.

Paul Pourquoi pas ? Il est comment ?

Vendeur Il est en plastique mais il semble aussi résistant que le métal. Et puis, il est moins cher que le dernier modèle.

Paul Oui, mais il est plus moche que l'autre. Qu'est-ce qu'il faut faire pour l'allumer ?

Vendeur Il faut appuyer sur le bouton ON/OFF, taper le code et appuyer sur la touche astérisque.

Paul Oh ! C'est compliqué ! Laissez tomber ! Mon portable fonctionne encore bien. Montrez-moi les MP3, s'il vous plaît !

Plus tard...

Léa Super, ton nouveau MP3 ! Fais voir ! Il est aussi bien que mon MP3 ?

Paul Donne-moi mon MP3, il est neuf !

Léa N'exagère pas ! C'est quoi ça ?

Paul C'est le bouton pour enregistrer.

Léa On chante ? Je suis sûre que tu chantes très bien le nouveau tube de la radio...

Paul Ah, les filles !

2 Relis le dialogue et complète les phrases.

1 Paul demande au vendeur s'il peut voir **le dernier modèle des portables Techno.**
2 Le vendeur répond qu'il ______________________________ .
3 Le portable que le vendeur montre à Paul est en ______________ .
4 Mais Paul le trouve ______________ .
5 À la fin, Paul n'achète pas le portable parce qu'il est ______________ .

3 Réponds aux questions dans ton cahier.

1 En quoi est le boîtier du portable que veut voir Paul ?
2 Pourquoi le portable que lui montre le vendeur est plus intéressant ?
3 Pourquoi Paul le trouve-t-il compliqué ?
4 Qu'est-ce que Léa veut savoir sur le MP3 de Paul ?
5 Qu'est-ce que Léa veut faire avec le nouveau MP3 ?

BON À SAVOIR !

Les jeunes Français aiment envoyer des textos en utilisant des émoticônes.

Ils jouent avec la phonétique. Par exemple, pour dire « À demain » ils écrivent A2m1.

4 Écris le nom de chaque objet, puis coche ceux qui sont cités dans le dialogue.

1 ☐

____

2 ☐

____

3 ☐

____

4 ☐

____

5 Lis la publicité de la page 46 et associe.

1 achetez	A vos contacts
2 enregistrez	B de la promotion
3 envoyez	C un texto
4 profitez	D votre code
5 tapez	E dans le magasin
6 allez	F un portable Techno

C'EST TON TOUR !

6 Est-ce que tu as un portable ? Tu l'as eu quand ? Quelles sont ses caractéristiques ? Quelle est la fonction que tu utilises le plus ?

Les objets technologiques du quotidien

34 **1 Complète le texte. Puis, écoute et vérifie.**

la télé

le lecteur DVD

la radio

le portable

l'appareil photo numérique

le MP3

le téléphone fixe

Le matin, c'est mon **portable** qui me réveille. Sous la douche, j'écoute la __________ . Dans le bus, j'écoute mon __________ , où j'enregistre les chansons que j'aime. Chez moi, il y a aussi un __________ , mais je l'utilise seulement pour appeler mes grands-parents. Pour mon anniversaire, mon père m'a offert un __________ parce que je suis passionné de photo. Le soir, après le dîner, je regarde la __________ avec mes parents. Nous avons aussi un __________ pour regarder des films.

35 **2 À quoi ça sert ? Associe, puis écoute et vérifie.**

1 [E] l'écran
2 [ ] le clavier
3 [ ] la touche d'appel
4 [ ] la touche de fin d'appel
5 [ ] le casque ou les écouteurs
6 [ ] l'icône Contacts
7 [ ] l'icône Internet
8 [ ] l'icône Messages

A Pour répondre à un appel
B Pour chercher le numéro d'un(e) ami(e)
C Pour taper le code ou composer un numéro
D Pour terminer un appel
E Pour voir des photos, des textes...
F Pour ouvrir une page d'Internet
G Pour envoyer un SMS
H Pour écouter de la musique

Les formes

3 **Quelle forme ont ces objets ? Écris des phrases dans ton cahier comme dans l'exemple. Ensuite, écoute, vérifie et répète.**

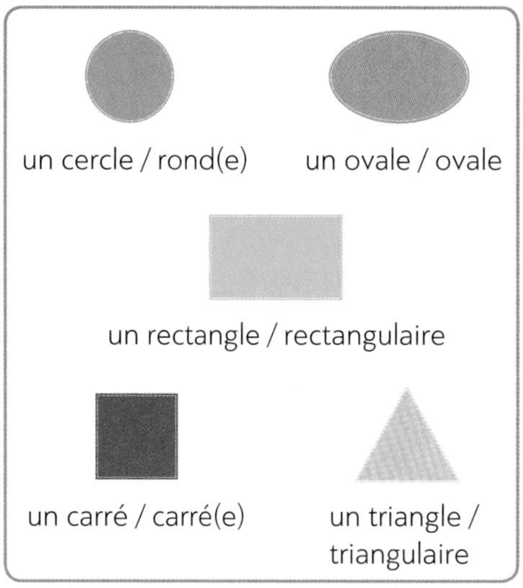

1 La tablette a la forme d'un rectangle. Elle est rectangulaire.

Les matériaux et les qualités

4 **En quoi sont généralement ces objets ? Complète.**

le plastique

le bois

le tissu

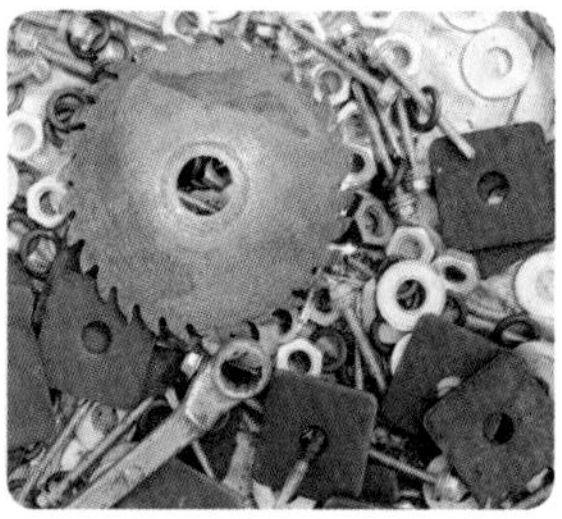
le métal

la céramique

le carton

le papier

le verre

1 Une table est en **bois**.
2 Un paquet de gâteaux est en ______________ .
3 Une tasse est en ______________ .
4 Un enveloppe est en ______________ .
5 Un bocal est en ______________ .
6 Un pantalon est en ______________ .
7 Un vélo est en ______________ .
8 Une brosse à dents est en ______________ .

5 **Trouve un objet ou un matériel pour chaque adjectif.**

fragile • ~~solide~~ • léger • épais • lourde • large • petit • résistant • technologique • gros • fin • pratique

solide : **une table, le bois...**

Décrire un objet

37 **1 Écoute et répète.**

- A Il est comment ton… ?
  - B Il est petit et léger.
  - B Il est grand et lourd.
- A Il est grand comment ?
  - B Il est grand comme ça.
  - B Il est petit comme ça.
- A C'est de quelle taille ?
  - B C'est grand.
  - B C'est petit.
- A Il a quelle forme ? — B Il est rectangulaire.
- A Elle est de quelle couleur, ta télévision ? — B Elle est rouge.
- A Il est en quoi ton… ? — B Mon… est en plastique.

2 Par deux. Décrivez à tour de rôle ces objets en suivant l'exemple.

1

Il est comment l'appareil photo ?

Il est grand.

Il a quelle forme ?

Il est rectangulaire.

Il est de quelle couleur ?

Il est noir.

Il est en quoi ?

Il est en plastique.

2

3

4

5

6

Demander et donner des informations

38 **3 Écoute et répète.**

- A Où sont les portables, s'il vous plaît ? — B Ils sont au deuxième étage.
- A Bonjour, je peux vous aider ? — B Je voudrais voir un MP3, s'il vous plaît.
- A Vous avez le dernier modèle de…
  - B Oui, attendez, je vais voir.
  - B Désolé(e), il n'y en a plus.
- A C'est quoi ça ? — B C'est un répondeur.
- A Combien coûte ce portable ? — B Il coûte 199 euros.
- A Vous avez un téléphone moins cher ? — B Oui, nous avons ce portable bon marché.

4 Par deux. Tu entres dans un magasin et tu demandes des informations sur un objet. Un(e) camarade joue le rôle du vendeur/de la vendeuse.

Bonjour, je peux t'aider ?

Oui…

Demander et donner des instructions

39 **5 Écoute et répète.**

- A Qu'est-ce qu'il faut faire pour le faire marcher ?
  - B Il faut mettre des piles. / Il marche à piles.
  - B Il faut le brancher. / Il faut le recharger.
- A Comment on l'allume ? — B Il faut appuyer sur le bouton ON/OFF.
- A Qu'est-ce qu'il faut faire après ? — B Il faut taper le code secret.
- A C'est quoi ce bouton ? — B C'est le bouton pour enregistrer.
- A Qu'est-ce qu'on peut faire avec ? — B On peut envoyer des mails.
- A Comment on fait pour appeler un contact ? — B Il faut aller dans le répertoire.

6 **Écoute et complète le dialogue.**

— Qu'est-ce qu'il faut faire pour l'allumer ton portable ?
— **Il faut appuyer sur le bouton ON/OFF.**
— Et après, qu'est-ce qu'il faut faire ?
— ______________________
— Et comment on fait pour téléphoner ?
— ______________________
— C'est quoi ce bouton ?
— ______________________
— Et qu'est-ce qu'on peut faire encore avec ton portable ?
— ______________________
— Tiens, il s'est éteint ! Qu'est-ce qu'on fait ?
____

Comparer deux objets

41 **7** **Écoute et répète.**

- Il est plus petit que ton MP3.
- Il est moins grand que...
- Elle est aussi compliquée que...
- Ils sont aussi lourds que...

8 **Mets le dialogue dans l'ordre.**

- [ ] Moins cher, mais plus compliqué !
- [ ] Alors, je vais le prendre.
- [ ] Il est plus grand, donc il coûte plus cher.
- [1] Bonjour, monsieur. Le boîtier de ce MP3 est en plastique ?
- [ ] Il est en métal, mais il est vraiment petit.
- [ ] Pas du tout, il est aussi facile à utiliser.
- [ ] En fait, il est plus grand que le dernier modèle.
- [ ] Au contraire, il est beaucoup moins cher.
- [ ] Non, il est en métal.

C'EST TON TOUR !

9 **Pense à un objet. Tes camarades te posent des questions pour deviner ce que c'est. Tu ne peux répondre que par oui ou par non.**

10 **Dans un grand magasin, deux copains demandent des informations. Par trois, imaginez et jouez le dialogue. Suivez les instructions à la page 110.**

SONS ET LETTRES

Les homophones

1 **Écoute et fais attention à la prononciation.**

1 **On** va au cinéma. – Ils **ont** vu un film.
2 **Ces** jupes sont jolies. – Elle a mis **ses** chaussures.
3 Je vais **à** la mer. – Il **a** 12 ans.
4 **Ce** cahier est grand. – Elle aime **se** promener.
5 **Son** portable est super. – Elles **sont** sympas !
6 Julie **et** Jean. – Il **est** italien.

- Les homophones sont des mots qui se prononcent de la même manière mais qui ont une orthographe et un sens différents.
- Les homophones ont aussi des fonctions grammaticales différentes.

on pron. personnel	**ont** verbe *avoir*
ces adj. démonstratif	**ses** adj. possessif
à conjonction	**a** verbe *avoir*
ce adj. démonstratif	**se** particule pronominale
son adj. possessif	**sont** verbe *être*
et conjonction	**est** verbe *être*

2 **Souligne le mot juste.**

1 *On / Ont* prend le bus ?
Elles *on / ont* froid.
2 Regarde *ces / ses* fruits.
Elle a rangé *ces / ses* vêtements.
3 Pour aller *à / a* Paris...
Il *à / a* les cheveux blonds.
4 *Ce / Se* chapeau est très cher.
Elle *ce / se* lève tôt.
5 Il a pris *son / sont* pull.
Ils *son / sont* rentrés hier.
6 Il *et / est* venu te voir ?
Du lait *et / est* du pain.

Les pronoms relatifs *dont* et *quoi*

1 Relis le dialogue à la page 47 et complète la phrase.

Le dernier modèle des portables Techno, ____________ le boîtier est en métal.

- Le pronom **dont** se réfère soit à des personnes soit à des choses.
  *La personne **dont** tu me parles est ma sœur.*
- **Quoi** a une valeur neutre et est précédé d'une préposition : **à quoi**, **de quoi**, **pour quoi**...
  *Vous avez **de quoi** travailler.*

2 Complète les phrases avec les pronoms relatifs *dont* ou *quoi*.

1 Voici le roman **dont** on a parlé à la télé.
2 Il y a de ________ parler pendant des heures.
3 La femme ________ je me souviens est un professeur.
4 Mon père a acheté une voiture ________ la couleur est rouge.
5 Il ne peut pas manger les pommes ________ il a envie.
6 C'est ce à ________ il faut penser.
7 Les personnes ________ tu parles sont très sympas et disponibles.
8 Il a perdu sa valise. Il n'a rien avec ________ s'habiller.

Le pronom *en*

- Le pronom **en** remplace un nom précédé par la préposition **de**.
  *Il parle de ses amis. Il **en** parle !*
- **En** complément d'objet direct remplace un nom précédé de **du**, **de la**, **de l'**, **des**.
  *J'ai acheté des bananes, j'**en** ai mangé deux.*
- **En** peut être aussi complément de lieu indiquant la provenance.
  *Ils viennent de la Suisse. Ils **en** viennent.*
  *Il revient de l'école. Il **en** revient.*

3 Réécris les phrases en utilisant le pronom *en*.

1 Tu as deux cahiers. → **Tu es as deux.**
2 Elle parle de ses vacances.
→ ____________________
3 Vous venez du collège.
→ ____________________
4 Il est sorti de chez lui.
→ ____________________
5 J'achète souvent des livres.
→ ____________________
6 Elle est revenue de Londres.
→ ____________________
7 Marion parle de ses notes avec ses amies.
→ ____________________
8 Nous avons des cadeaux à offrir.
→ ____________________
9 Tu veux de l'eau ?
→ ____________________
10 Il rêve de devenir chanteur.
→ ____________________

Le comparatif de qualité

- On l'emploie quand on compare les qualités de deux personnes ou de deux choses. Il existe des degrés de comparaison :
  - \+ **comparatif de supériorité**
    plus + adjectif ou adverbe + **que**
    *Le portable est **plus** petit **que** la paume de la main.*
    [!] bon → meilleur
    mauvais → pire
    bien → mieux
  - = **comparatif d'égalité**
    aussi + adjectif ou adverbe + **que**
    *Le plastique semble **aussi** résistant **que** le métal.*
  - \- **comparatif d'infériorité**
    moins + adjectif ou adverbe + **que**
    *Ce portable est **moins** cher **que** le dernier modèle.*

[!] **Que** s'apostrophe devant une voyelle ou un **h** muet.
*Je suis plus grand **qu'**elle.*

4 **Écris des phrases à l'aide des indications entre parenthèses.**

1 Le répondeur / être / compliqué / ton portable (+)
Le répondeur est plus compliqué que ton portable.

2 Asia et Aude / être / sympathique / Axel et Théo (=)
____

3 Le bois / être / léger / métal (+)
____

4 Nous / être / forts / vous (-)
____

5 Mon MP4 / coûter / cher/ ton MP3 (+)
____

6 Ce portable / sembler / résistant / le dernier modèle (=)
____

5 **Maintenant, invente 2 phrases en utilisant le comparatif de qualité.**

1 ______________________________
2 ______________________________

L'infinitif

- L'infinitif est une forme verbale que l'on peut employer à la place de l'impératif pour donner des instructions.
Appuyer sur le bouton rouge.
- On l'emploie aussi :
  - après la construction impersonnelle **il faut**.
  *Il faut **taper** le code.*
  - après les verbes de mouvement.
  *Je sors **acheter** de la crème fraîche.*
  - après quelques verbes d'opinion.
  *Je pense **partir** en vacances au mois de juillet.*
  L'infinitif négatif se forme en mettant **ne pas** devant le verbe.
  *Je vous demande de **ne pas** parler.*
- **Ne pas** + un verbe à l'infinitif exprime une interdiction.
***Ne pas** appuyer sur le bouton.*

6 **Construis des phrases à l'infinitif affirmatif (+) ou négatif (-).**

1 nous / penser / arriver / à 18 heures (+)
Nous pensons arriver à 18 heures.

2 ils / sortir / dîner / au restaurant (+)
______________________________ .

3 manger / dans / le cinéma (-)
______________________________ .

4 je / espérer / aller / à l'opéra (+)
______________________________ .

5 marcher / sur les fleurs (-)
______________________________ .

6 je / venir / aider / maman (+)
______________________________ .

Les verbes *envoyer* et *appuyer*

7 **Observe et complète.**

Indicatif présent	
envoyer	appuyer
J'envoie Tu envoies Il/Elle envoie Nous envoyons Vous envoyez Ils/Elles envoient	J'appuie Tu ______ Il/Elle ______ Nous ______ Vous ______ Ils/Elles ______

- Pour les verbes en **-oyer** comme **envoyer**, **aboyer**, **vouvoyer** et **tutoyer** le **y** se transforme en **i** devant un **e** muet. Le **y** reste au participe passé : **envoyé**.
- Les mêmes règles s'appliquent pour les verbes en **-uyer** comme **appuyer**, **ennuyer** et **essuyer**.

8 **Conjugue les verbes entre parenthèses.**

1 Avec ce portable, j'__________ (envoyer) des textos.
2 Pour enregistrer, tu __________ (appuyer) sur le bouton rouge.
3 Le chien __________ (aboyer) quand on sonne à la porte.
4 Nous __________ (vouvoyer) nos professeurs.
5 Ils __________ (s'ennuyer) à la montagne.
6 Tu te laves les mains et ensuite tu les __________ (essuyer).

Écouter

43 **1 Sur quelle touche il faut appuyer pour... ?**
Écoute et coche la touche.

A Aller dans les bureaux de France Télécom. ☐ 3 ☐ 4 ☐ 8

B Tu n'as pas bien compris ce que tu as entendu. ☐ 3 ☐ 4 ☐ 8

C Ton père cherche une solution pour téléphoner moins cher au bureau. ☐ * ☐ 2 ☐ 3

D Pour sortir du menu que tu viens d'écouter. ☐ * ☐ 2 ☐ 3

E Pour te connecter à Internet ou pour un problème avec ton portable. ☐ 1 ☐ 2 ☐ 3

F Pour un problème sur le téléphone fixe. ☐ 1 ☐ 2 ☐ 3

44 **2 Écoute et numérote les images dans le bon ordre.**

A ☐

B ☐
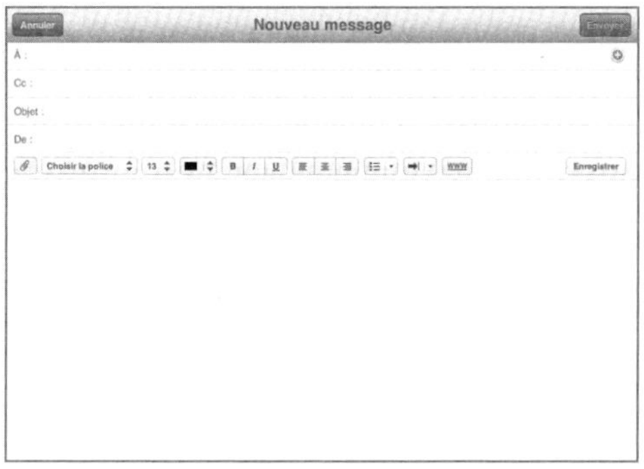

C ☐

D ☐

E ☐

BON À SAVOIR !

Le texte injonctif énonce des faits réels, vérifiables. Son but est de donner des consignes afin de réaliser quelque chose (notice technique, mode d'emploi, recette, règle de jeu...).

Lire

3 Lis le texte et réponds aux questions.

Tout ce qu'il faut savoir pour téléphoner de et en France.

Pour appeler en France depuis l'étranger, décrochez le combiné et composez le 00 33 + le numéro à 9 chiffres de votre correspondan(e) (sans le 0 qui se trouve au début des numéros de téléphone français). Exemple : 00 33 1 42 96 70 00.
De la France vers l'étranger : composez 00 + l'indicatif du pays + le numéro de votre correspondant(e).

De nos jours, on peut appeler à tout moment et de n'importe quel endroit grâce au téléphone portable. Ceux qui n'ont pas de portable peuvent encore utiliser une télécarte, en vente dans les bureaux de poste, les bureaux de tabac et dans les boutiques de souvenirs. La télécarte est une carte téléphonique prépayée en plastique qui permet de téléphoner à partir d'une cabine téléphonique, d'un téléphone fixe ou d'un téléphone portable, en utilisant le crédit disponible sur la carte. Pour l'utiliser. il faut taper un numéro d'accès différent selon le type de téléphone que vous utilisez (cabine, poste fixe ou portable), puis taper le code confidentiel imprimé sur la carte téléphonique. Pour téléphoner avec une télécarte, suivez les indications dans l'ordre suivant :

- I Composez un des numéros d'accès.
- II Choisissez la langue en composant :
  1. français 2. anglais 3. espagnol 4. chinois
  5. portugais 6. arabe 7. italien.
- III Tapez votre code confidentiel (composé de 10 chiffres).
- IV Composez 00 + l'indicatif du pays + le numéro de votre correspondant suivi de *.

1 Il s'agit d'un texte qui...
A ☐ raconte.
B ☐ informe.
C ☐ argumente.

2 Pour appeler en France depuis l'étranger il faut faire
A ☐ le 0033.
B ☐ le 01.
C ☐ le 00+ le code du pays.

3 Pour appeler de la France vers l'étranger il faut faire
A ☐ le 0033.
B ☐ le 01.
C ☐ le 00+ le code du pays.

4 On peut acheter les télécartes
A ☐ à la poste.
B ☐ à la banque.
C ☐ au bistrot.

5 Pour téléphoner avec une télécarte faut-il seulement avoir un code confidentiel ?
☐ Oui. ☐ Non.

BON À SAVOIR !
Les cabines téléphoniques vont disparaître du paysage français. Il en reste actuellement environ 5000, alors qu'il y en avait 300 000 il y a 20 ans. Certaines seront sauvées et transformées en mini-bibliothèques.

Écrire

4 Tu vas accueillir ton/ta correspondant(e) français(e) chez toi pendant les vacances. Envoie-lui un mail pour lui expliquer comment téléphoner de ton pays en France.

Nouveau message

À :

Objet :

Envoyer

Parler

5 Par deux. Tu viens d'acheter un nouveau portable très technologique et tu téléphones à un(e) copain/copine. Il/Elle te pose des questions sur l'aspect et les fonctions de ton nouveau téléphone. Puis, vous le comparez avec son portable.

JE ME DÉTENDS POUR MIEUX APPRENDRE !

Pour bien apprendre, il faut être réceptif et pour être réceptif, il faut être détendu. Mais comment faire ?

Voici quelques conseils à suivre :

- ▶ Organise ce que tu dois faire : fais un planning pour chaque semaine.
- ▶ Fais une chose après l'autre et une chose à la fois.
- ▶ Sois zen et maître de tes émotions.
- ▶ Dors suffisamment.
- ▶ Fais du sport.
- ▶ Sois positif/positive, souris, ris et prends les choses du bon côté.
- ▶ Fais des exercices de respiration.
- ▶ Exerce ta créativité : dessine, écris, chante, autorise-toi des moments à ne rien faire.

Les erreurs à ne pas commettre :

- × Faire ses devoirs devant la télé.
- × Tout faire à la dernière minute.
- × Se coucher tard.
- × Être toujours de mauvaise humeur.

On essaie !

1 Une séance de relaxation en français, ça fait du bien ! Allez sur Internet ou YouTube et tapez « relaxation » ou « musique relaxante » et écoutez-la en classe ou chez vous.

RITUEL

Créer une habitude positive :
Tous les jours, prends ton carnet et écris les trois choses que tu as préférées de la journée (en français !).
Par exemple :
- passer du temps avec ma meilleure amie ;
- invitation à l'anniversaire de Sam ;
- félicitations du professeur de maths.

BON À SAVOIR !

Sais-tu qu'il faut 21 jours pour créer une nouvelle habitude ? Alors, sois constant(e) !

DES FRANÇAIS CÉLÈBRES

1 Associe les textes aux images.

1 **Vercingétorix** (80 av. J.-C.-46 av. J.-C.)

C'est le premier chef des Français. Il unit la plupart des peuples gaulois et leurs chefs pour repousser l'envahisseur romain Jules César à la fin de la guerre des Gaules. Il perd à Alésia en 52 av. J.-C. et est exécuté à Rome, à la suite du triomphe de César.

A ☐

2 **Napoléon Ier** (1769-1821)

Général de la Révolution française, il accumule les victoires spectaculaires en Italie et pendant la campagne d'Égypte. Il devient empereur des Français en 1804. Il réorganise et réforme l'État et la société. Il est aussi président de la République italienne de 1802 à 1805, puis roi d'Italie du 17 mars 1805 au 11 avril 1814. Il conquiert et gouverne la majeure partie de l'Europe continentale. Malgré de nombreuses victoires, l'épopée impériale s'arrête en 1815 avec la défaite de Waterloo.

B ☐

3 **Victor Hugo** (1802-1885)

C'est un écrivain français auteur de poésies, de pièces de théâtre et de romans. Il est connu pour *Notre-Dame de Paris* et *Les Misérables*.

4 **Louis Pasteur** (1822-1895)

C'est un physicien et un chimiste français. Il a découvert le vaccin contre la rage et a démontré l'existence des bactéries. Il a inventé le processus qui porte son nom, la pasteurisation.

C ☐

5 **Charles de Gaulle** (1890-1970)
C'est un général et un homme d'État. Pendant la Seconde Guerre mondiale, il est en exil à Londres et il est le chef de la résistance à l'occupation allemande.
Il fonde ensuite la Ve République en 1958 et est le président de la République de 1959 à 1969.

D ☐

E ☐

F ☐

2 Dis si les affirmations sont vraies ou fausses. Justifie tes réponses.

	V	F
1 Vercingétorix a gagné la guerre des Gaules contre Jules César.	☐	☐
2 Napoléon Ier a été empereur des Français et des Italiens.	☐	☐
3 Victor Hugo est un écrivain du XIXe siècle.	☐	☐
4 Louis Pasteur a inventé le vaccin contre la rage.	☐	☐
5 Charles de Gaulle est un président de la Ve République.	☐	☐
6 Jean Monnet est l'un des pères de l'Union européenne.	☐	☐

6 **Jean Monnet** (1888-1979)
C'est un homme politique français. Durant la Seconde Guerre mondiale, il est, avec le général de Gaulle, l'un des principaux acteurs de la victoire des alliés. Il est aussi l'un des pères fondateurs de l'Europe. Le traité de Paris est signé en 1951 par la République fédérale d'Allemagne (RFA), la Belgique, la France, l'Italie, le Luxembourg et les Pays-Bas.
Il organise la mise en commun de la production et la consommation du charbon et de l'acier entre les six pays signataires. C'est la CECA : communauté européenne du charbon et de l'acier. Jean Monnet est le premier président de la CECA de 1952 à 1955. Ce traité est considéré comme l'un des actes fondateurs de l'Union européenne. Monnet fonde aussi un comité d'action pour les États-Unis d'Europe.

À TOI !

3 Avec ton professeur de sciences, fais une recherche sur les découvertes de Louis Pasteur.

4 Connais-tu d'autres scientifiques célèbres ? Dis ce qu'ils ont inventé.

5 Fais le portait d'un personnage que tu admires.

Tu peux chercher un personnage de l'histoire de ton pays avec ton professeur d'histoire. Tu peux aussi travailler avec ton professeur d'arts plastiques si tu choisis un artiste. Donne son nom, l'époque à laquelle il vit, son œuvre et l'influence qu'il a eue dans ta culture et pour toi.

1-4 JE FAIS LE POINT 1

❶ Quelle forme ont ces objets ?

1  ______________________

2  ______________________

3  ______________________

4  ______________________

5  ______________________

6  ______________________

Points ____	6

❷ Complète les phrases avec un pronom relatif : *qui, que, dont* ou *quoi*.

1 Je ne connais pas le film ________ tu parles.
2 Vous avez de ________ préparer un gâteau ?
3 Lucas n'a pas lu le livre ________ tu lui as parlé.
4 Nous n'achetons pas de vêtement ________ sont en tissus synthétiques.
5 Marie a de ________ faire avec les enfants.
6 Ils détestent les hommes ________ chassent les animaux sauvages.
7 L'homme ________ j'aime veut vivre avec moi.
8 Nous aimons les romans ________ les héros sont des enfants.

Points ____	8

❸ Transforme les phrases en utilisant le pronom *en*.

1 Il mange des pommes à midi.
____
2 J'achète des cahiers.
____
3 Nous venons de chez Claudine.
____
4 Elle ne parle jamais de ses vacances.
____
5 Tu as parlé avec tes parents des cadeaux.
____
6 Ils viennent de la France.
____
7 Il faut de la farine pour les crêpes.
____
8 Le matin, il boit du jus de fruits.
____

Points ____	8

❹ Réécris ces phrases à la forme négative.

1 J'ai mangé un croissant.
____
2 Nous sommes partis en vacances.
____
3 Nous avons bu de l'eau.
____
4 Tu as eu une bonne note.
____
5 Vous avez habité à Biarritz.
____
6 Il a écrit un message à Gilles.
____
7 Ils ont travaillé tard aujourd'hui.
____
8 Elle a parlé à Jean.
____

Points ____	8

5 Complète avec le pronom COI qui correspond.

1 Je ______________ montre des photos. (à un copain)
2 Le moniteur ______________ pose des questions. (à vous)
3 Le grand-père ______________ fait un cadeau. (à moi et à mon frère)
4 Tu ______________ chantes une chanson. (à eux)
5 Nous ______________ donnons une glace. (à toi)
6 Ils ______________ parlent en français. (à moi)

Points ____	6

6 Conjugue les verbes entre parenthèses à l'imparfait.

1 Nicolas ______________ (prendre) le petit-déjeuner à 7h.
2 Le mercredi, elle ______________ (rentrer) à 14h du collège.
3 J'______________ (être) au Brésil en juillet.
4 Nous ______________ (aller) chez notre tante.
5 Elles ______________ (chanter) une belle chanson.
6 Tu ______________ (avoir) une bonne note.
7 Il ______________ (sortir) avec ses copains.
8 Ils ______________ (faire) leurs devoirs.

Points ____	8

7 Fais l'accord du participe passé de ces verbes si nécessaire.

1 Elles se sont lavé____ les mains.
2 Ils se sont salué____ .
3 Vous vous êtes rencontré____ au cinéma.
4 Nous nous sommes salué____ avant d'entrer en classe.
5 Lucas s'est réveillé____ tôt.
6 Hier, Julie s'est promené____ avec son chien.

Points ____	6

Après avoir fait les exercices, calcule tes points. Vérifie avec ton professeur !

Total points ____ / 50

POUR ALLER PLUS LOIN... À L'ORAL

8 Tu es en vacances chez ton/ta correspondant(e). Sa mère te prépare un bon plat. Tu écris un mail à ta mère pour lui donner la recette de ce plat.

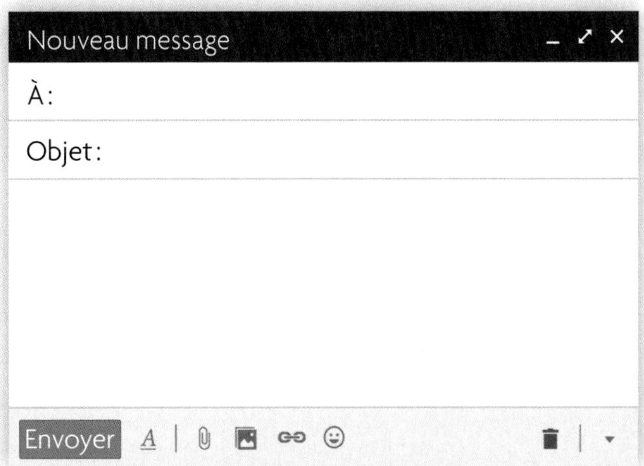

5 LE ROI DE LA CRÊPE

BON À SAVOIR !

Chaud devant ! = Attention !
s'étaler comme une crêpe = tomber par terre

Le Roi de la crêpe

Menu

crêpes salées

crêpe avec 1 ingrédient au choix	3.50 €
crêpe avec 2 ingrédients au choix	5.60 €

Ingrédients : beurre, œufs, fromage, crème, béchamel, tomates, champignons, saumon.

crêpes sucrées

crêpe avec 1 ingrédient au choix	3.50 €
crêpe avec 2 ingrédients au choix	5.60 €

Ingrédients : chocolat chaud, banane, confiture, glace, nutella, fraises, crème chantilly.

boissons

Eau	1.50 €
Jus de fruits	2.00 €
Boissons gazeuses	2.00 €

Dans cette unité, j'apprends :

- à commander un plat et à conseiller quelque chose, à donner une recette de cuisine, à comparer des quantités ;
- le vocabulaire relatif aux repas et aux quantités ;
- l'article partitif, le comparatif de quantité, les verbes *tenir* et *servir*, les verbes impersonnels.

1 Écoute et lis.

Axel Ça vous dit d'aller au fast-food demain soir ?
Asia Il vaut mieux aller dans une crêperie, c'est plus sympa.
Théo Mon oncle tient une crêperie.
Axel Elles sont comment ses crêpes ? Sucrées ou salées ?
Théo Les deux ! C'est le roi de la crêpe !
Asia Je vous conseille ses crêpes avec de la béchamel et des champignons.
Aude Il ne met pas de fromage ?
Théo Si, il n'utilise que du gruyère.
Asia Alors, c'est décidé ! Rendez-vous demain soir chez Le Roi de la crêpe !

Le lendemain soir...

Théo Bonsoir, j'ai réservé pour 4.
Serveuse Voilà votre table. Qu'est-ce que je vous sers ?
Asia Moi, je commande une crêpe Béchamel. Mais pas de fromage.
Aude Et moi, je voudrais une crêpe avec autant de champignons que de fromage.
Axel et Théo Pour nous, des crêpes avec de belles fraises et de la crème chantilly !

Plus tard...

Serveuse Chaud devant !
Asia Miam ! Quel délice !
Axel Attention, madame ! Vous allez vous étaler comme une...
Tous ... crêpe !
Serveuse Trop tard !

2 Vrai ou faux ? Coche la bonne case.

		V	F
1	Théo et ses amis vont dans une crêperie.	X	
2	L'oncle de Théo tient un restaurant.		
3	Dans la crêperie, on ne sert que des crêpes salées et des pâtes.		
4	Le rendez-vous est le soir.		
5	Théo a réservé pour 4 personnes.		
6	Ils commandent des pâtes.		

3 Lis le menu de la crêperie et coche les ingrédients.

	crêpes salées	crêpes sucrées
1 tomate	X	
2 champignons		
3 glace		
4 chocolat		
5 confiture		
6 banane		
7 fraises		
8 œuf		
9 beurre		
10 saumon		
11 béchamel		

4 Lis le résumé et souligne les parties qui ne sont pas exactes.

Le lendemain soir, les amis vont chez Le Roi de la crêpe, Asia a réservé pour 5 personnes. La serveuse leur demande ce qu'ils veulent. Asia commande des crêpes avec du saumon, mais elle ne veut pas de fromage. Aude voudrait des crêpes avec autant de champignons que de fromage. Par contre, les garçons veulent des crêpes avec de belles fraises, mais pas de chantilly.
Quand la serveuse arrive avec les crêpes, elles sont déjà froides. Aude dit qu'elles sont un vrai délice ! Elle dit à la serveuse de faire attention, sinon elle risque de se coucher comme une crêpe... mais trop tard ! La serveuse est déjà par terre.

5 Recopie le résumé dans ton cahier en corrigeant les parties qui ne sont pas exactes.

C'EST TON TOUR !

6 Connais-tu les crêpes ? En manges-tu ? Aimes-tu les salées ou les sucrées ? Avec quels ingrédients ?

La table et les repas

1 Associe les illustrations aux repas.

1 [C] le petit-déjeuner 2 [ ] le casse-croûte 3 [ ] le déjeuner 4 [ ] le goûter 5 [ ] le dîner

46

2 Complète le texte avec ces mots. Puis, écoute et vérifie.

dîner • ~~petit-déjeuner~~ • dessert (x3) • nappe déjeuner • serviettes • entrée • casse-croûte plat • fourchettes • goûter • couteaux cuillères • assiette plate • verres petite cuillère • assiette creuse

Qu'est-ce que je mange ? Eh bien, au **petit-déjeuner**, je prends un jus de fruit, du lait avec des céréales, ou une tartine avec du beurre et de la confiture. Pour mon ____________ , à 10 heures, j'apporte des fruits ou un yaourt. Au ____________, je mange en vitesse à la cantine. Sur mon plateau, il y a une ____________, un ____________ avec de la viande ou du poisson avec des légumes, de la salade ou des frites et un ____________. Le soir, je dîne à la maison avec mes parents. Pour le ____________, je mets la table. Une jolie ____________ , des ____________ et de beaux ____________ pour l'eau. Des ____________ et une ____________ pour le potage de ma grand-mère, des ____________ et des ____________ avec une ____________ pour la viande et la salade. Du pain évidemment, une ____________ pour le ____________. Et comme ____________ ? Le fromage blanc. Ah, j'ai oublié le ____________ Mais c'est facile, des biscuits et du lait.

3 Observe les images et complète.

1 Je coupe la viande avec un  **couteau**.

2 Je bois du jus de fruits dans un  ____________ .

3 Il prend son café avec une  ____________ de sucre.

4 Elle mange du riz avec une  ____________ .

5 Tu me passes les 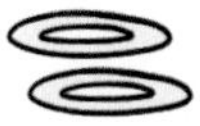 ____________ ?

6 On la met sur la table, c'est la  ____________ .

7 On mange du potage avec une  ____________ .

8 On peut la mettre autour du cou, c'est la

 ____________ !

Les quantités

4 Écoute, associe et répète.

1 un quartier

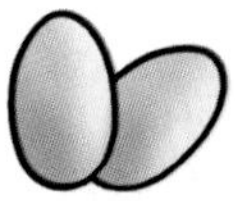

2 deux

3 un morceau

4 une portion

5 un demi-litre

6 un kilo

A tomates

B lait

C gâteau

D pomme

E fromage

F œufs

SONS ET LETTRES

Les sons [ʃ] et [ʒ]

1 Écoute et fais attention à la prononciation.

béchamel • jour • déjà • schéma • poche
âge • chère • gisement • égypte

- En français, le son [ʃ] s'écrit **ch** comme dans **chat** ou **sch** comme dans **schéma**.
- Le son [ʒ] peut s'écrire **j** comme dans **jour** et **g + e**, **i**, **y** comme dans **gel**, **agir** et **gymnastique**.

2 Écoute et indique le son que tu entends.

	1	2	3	4	5	6	7	8	9	10
[ʃ]	☒	☐	☐	☐	☐	☐	☐	☐	☐	☐
[ʒ]	☐	☐	☐	☐	☐	☐	☐	☐	☐	☐

50 **3 Dictée. Écoute et complète.**

Ce matin, j'ai mis dans mes **poches** un ____________, mon portefeuille, un ____________ de ma mère et de petites ____________. Elle me ____________ d'aller faire de la ____________ et de lire les trois ____________ qui me restent du roman que j'ai ____________ pour l'été.

Voir trente-six chandelles.

Commander et conseiller un repas

51 ❶ Écoute et répète.

- A Pourriez-vous m'apporter le menu ? — B Tout de suite, monsieur.
- A Qu'est-ce que vous désirez comme boisson ? — B Apportez-moi un jus d'orange, s'il vous plaît.
- A Vous voulez commander ? — B Oui, je vais prendre... / B Non, merci. C'est déjà fait !
- A Comme entrée, je voudrais... — B C'est noté ! / B Désolé, je n'ai plus de...
- A Qu'est-ce que je vous sers ? — B Je voudrais un bifteck.
- A Et pour vous ? / A Et comme dessert ? — B Pour moi, du fromage. / B Et pour moi, un sorbet.
- A Je vous conseille la spécialité de la Maison. — B Je vais suivre votre conseil.
- A L'addition, s'il vous plaît ! — B Voilà !

❷ Complète les dialogues.

1
Vous voulez commander ?
Oui merci, une crêpe.

2
____________________ !
C'est noté, bifteck et frites !

3
____________________ ?
Pour moi, un sorbet, s'il vous plaît !

4
____________________ ?
Je vais suivre votre conseil, alors une tarte aux pommes.

❸ Remets le dialogue dans l'ordre. Joue-le avec un(e) camarade.

- [ ] Vous désirez de la chantilly ?
- [ ] Désolé, je n'ai plus de gâteau au chocolat. Je vous suggère la spécialité de la maison.
- [ ] Merci beaucoup !
- [ ] Non, merci, je n'aime pas ça. Je prendrais volontiers un jus de pomme.
- [ ] Et quelle est la spécialité de la maison ?
- [ ] Les crêpes.
- [ ] C'est noté ! Une crêpe avec beaucoup de fraises, sans chantilly et un jus de pomme.
- [1] Bonsoir, monsieur. Vous désirez ?
- [ ] Je voudrais du gâteau au chocolat.
- [ ] Parfait ! Alors apportez-moi une crêpe avec beaucoup de fraises.

❹ Par deux et à tour de rôle. Tu entres dans un restaurant et tu commandes. Utilise le menu de la page 64.

Bonjour, monsieur.
Bonjour, madame.
Voici le menu.
Qu'est-ce que vous désirez ?
Comme entrée...

Donner une recette de cuisine

5 Écoute et répète.

A Pouvez-vous me donner la recette… ?
B Alors, il faut de la farine, du sucre…
Préparer le mélange.
Verser du lait.
Couper les légumes.
Ajouter du sel.
Casser les œufs.
Mélanger la farine.
Lave les légumes.
Préchauffe le four.
Enfourne le moule.
Faites chauffer / cuire.
Retirez du feu.

BON À SAVOIR !

Pour donner une recette, on peut utiliser l'infinitif ou l'impératif.

6 Regarde les dessins et décris la recette.

1

Préparez la pâte :
versez la farine et le sucre dans un saladier…

2 3 4

Comparer deux quantités

53 **7 Écoute et répète.**

- Il y a plus de sucre que de farine !
- Il faut moins de jus de fruits que de lait.
- On ajoute autant de farine que de lait.
- Je mets moins de beurre que de confiture.

8 Par deux et à tour de rôle. Parlez de votre menu ou plat préféré et comparez les quantités des ingrédients.

J'adore les crêpes avec autant de fraises que de chantilly. Et toi ?

C'EST TON TOUR !

9 Par trois. Imaginez et jouez le dialogue.

Monsieur et madame Clémant vont au restaurant.
Ils ont réservé une table.

A

- Le serveur les accompagne à leur table.
- Le serveur donne des explications.
- Le serveur prend note des plats commandés. Il demande s'ils veulent boire du jus de fruits.
- Le serveur apporte l'eau.
- Le serveur apporte les plats.
- Le serveur apporte l'addition.
- Ils s'en vont.

B et C

- Monsieur et madame Clémant lisent la carte. Ils demandent des explications sur les plats.
- Ils commandent.
- Monsieur Clémant dit qu'ils ne boivent pas de jus de fruits.
- Madame Clémant demande de l'eau pétillante.
- Monsieur et madame Clémant apprécient les plats.
- Monsieur Clémant demande l'addition.
- Monsieur Clémant paie l'addition.

Entrées
Assiette de saumon fumé et ses crudités
Salade niçoise
Plats
Bifteck frites
Poulet au riz
Fromages
Camembert sur lit de salade
Fromage du pays
Dessert
Tarte Tatin tiède
Glaces et sorbets

L'article partitif

- L'article partitif **de**, **de la**, **du** et **des** sert à désigner une quantité.
  On ne le met pas :
  - après la préposition **sans**.
    *Je mange **sans** sel.*
  - avec **ni** ... **ni** ...
    *Je ne mange **ni** poisson **ni** viande.*
  - après **avec** suivi d'un nom abstrait.
    *Je mange **avec** appétit.*
- L'article partitif ne change pas dans les phrases restrictivies (avec **ne... que**).
  *Il n'utilise **que** du fromage.*

1 Complète avec un partitif, si nécessaire.

1 Je ne mange que de la viande de poulet.
2 Nous n'achetons ni ______ glaces ni ______ sorbets.
3 La prof ne donne que ______ bonnes notes.
4 Marie et Louise suivent avec ______ attention le film.
5 Ma sœur n'aime lire que ______ BD.
6 Marine est sans ______ argent.
7 Je mange du pain avec ______ gruyère.
8 Je ne veux ni ______ lait ni ______ céréales.
9 Il ne boit que ______ jus de fruits.
10 Je mange les crêpes sans ______ sucre.

2 Remets les mots dans l'ordre pour former des phrases.

1 ne - que - je - l'- de - bois - eau
Je ne bois que de l'eau.
2 mère - ne - ni - ma - boit - ni - thé - café
____
3 ils - poisson - n'aiment - ni - légumes - les - ni - le
____
4 patience - nous - avec - jouons
____
5 gâteau - pommes - grand-mère - avec - ma - fait - un - des
____
6 steak - je - frite - un - commande - sans
____

Le comparatif de quantité

- On emploie le comparatif de quantité pour comparer des quantités. Il existe trois degrés de comparaison :
  + comparatif de supériorité : **plus de** + nom + **que de**.
  *Théo mange **plus de** crêpes **que de** viande.*
  - comparatif d'infériorité : **moins de** + nom + **que de**.
  *Il faut **moins d'**eau **que de** farine.*
  = comparatif d'égalité : **autant de** + nom + **que de**.
  *Il y a **autant de** riz **que de** pâtes.*

3 Observe la grille et complète.

Pour 100 g d'aliments	Nombre de calories Kcal	Protides	Lipides	Glucides
poulet	302	18,0	25,0	0,0
bifteck	330	15,0	30,0	0,0
œuf	162	13,0	12,0	0,6
beurre	761	0,8	84,0	0,5
baguette	254	7,0	0,8	54,7
champignon	29	4,4	0,2	2,2
orange	50	0,5	0,1	11,7
prune	50	0,8	0,2	11,2

1 100 g de poulet contiennent plus de calories que de protides.
2 Dans les champignons, il y a ________ lipides ________ glucides.
3 Dans le bifteck, il y a ________ lipides ________ protides.
4 Dans les oranges, il y a ________ lipides ________ glucides.
5 100 g de baguette contiennent ________ calories ________ lipides.
6 100 g de prunes contiennent ________ calories________ glucides.
7 Un œuf contient ________ calories ________ lipides.
8 100 g de beurre contiennent ________ protides ________ glucides.

Les verbes impersonnels

En français, certains verbes sont impersonnels ou peuvent être employés de manière impersonnelle avec le pronom personnel **il**.

- **Il y a**
  Il y a *des élèves dans la classe.*
- **Falloir** + infinitif
  Il faut *acheter du lait.*
- **Valoir mieux** + infinitif
  Il vaut mieux *aller dans une crêperie, c'est plus sympa.*
- **Suffire de** + infinitif
  Il suffit de *mettre du beurre.*
- **Il reste** + nom
  Il reste *encore une pomme.*
- **Il est** + adjectif + **de** + infinitif
  Il est *facile* ***de*** *faire cette recette.*
- **Il manque** + nom
  Il manque *un œuf.*

4 Complète avec des verbes impersonnels.

1 Qu'est-ce qu'**il y a** dans la quiche lorraine ?
2 – Alors, nous allons au fast-food ou à la crêperie ?
– ___________ aller à la crêperie.
3 Pour faire de la mousse au chocolat, ___________ du chocolat noir.
4 – Il pleut, on va au cinéma ?
– Non, ___________ rester à la maison.
5 Est-ce qu'___________ un ascenseur dans ton immeuble ?
6 ___________ absolument protéger l'environnement !
7 ___________ le devoir de Théo. Où est-il ?
8 Pendant les vacances, ___________ difficile de faire les devoirs.
9 Pour ouvrir ? C'est simple, ___________ d'appuyer sur le bouton.
10 Les participants ne sont pas au complet : ___________ deux personnes.

5 Complète les phrases avec les verbes proposés.

suffire (x2) • ~~être~~ • valoir mieux
manquer • rester

1 **Il est** difficile de se lever tôt le dimanche.
2 ___________ de mélanger la farine avec le sel.
3 ___________ partir demain matin.
4 ___________ encore une crêpe salée.
5 ___________ de la farine pour le gâteau.
6 ___________ de réserver le restaurant.

Les verbes *tenir* et *servir*

Indicatif présent	
tenir	**servir**
Je tiens	Je sers
Tu tiens	Tu sers
Il/Elle tient	Il/Elle sert
Nous tenons	Nous servons
Vous tenez	Vous servez
Ils/Elles tiennent	Ils/Elles servent

➩ Voir : *Tableau des conjugaisons.*

54 6 Écoute et souligne le verbe que tu entends.

1	Je tiens	Je sers
2	Il tient	Elle sert
3	Vous tenez	Vous servez
4	Elles tiennent	Ils servent
5	Tu tiens	Tu sers
6	Nous tenons	Nous servons

7 Forme des phrases avec les verbes *tenir* ou *servir*.

1 **Je me sers un plat de légumes.**
2 ___________
3 ___________
4 ___________
5 ___________
6 ___________
7 ___________
8 ___________

Écouter

55 **1 Écoute l'enregistrement et réponds aux questions.**

1 Les clients sont...
- A ☐ des amies.
- B ☐ mari et femme.

2 Ils ont réservé...
- A ☐ une table.
- B ☐ une chambre.

3 Qu'est-ce qu'ils ne boivent pas ?

A ☐ 

B ☐ 

C ☐ 

4 Ils s'appellent...
- A ☐ Pourcel.
- B ☐ Michel.

5 Le serveur leur propose...
- A ☐ le menu.
- B ☐ le plat du jour.

6 Qu'est-ce qu'ils commandent ?

A ☐

B ☐

C ☐

D ☐

E ☐

F ☐

G ☐

H ☐

I ☐

J ☐

K ☐

L ☐

Parler

2 Tu es chez ton/ta correspondant(e) francophone et sa mère te demande la recette d'un plat typique de ta région. Donne-lui la recette.

Lire

3 Lis la recette et réponds aux questions.

TARTELETTES AU FROMAGE

Ingrédients pour 6 personnes

350 g de pâte brisée
250 g de gruyère râpé
2 œufs
2 dl de crème fraîche
sel

PRÉPARATION

Étends la pâte et garnis des moules à tartelettes.
Râpe le gruyère.
Bats les oeufs avec la crème fraîche et ajoute une pincée de sel. Mets le fromage dans les fonds de tartelette et verse la crème par-dessus.
Fais cuire au four pendant 30 minutes.
Sers chaud !

1 Coche les produits nécessaires pour préparer les tartelettes.

A ☐  B ☐ 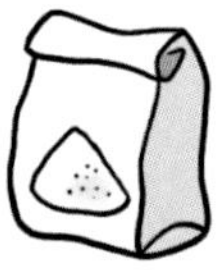 C ☐ 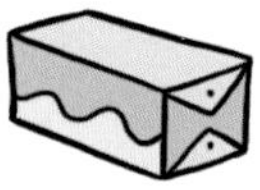

  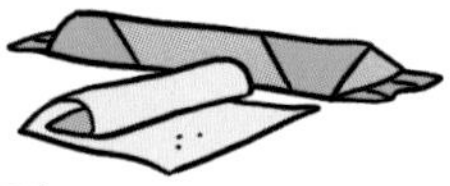

D ☐ e ☐ F ☐

 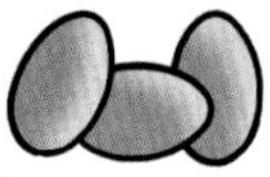 

G ☐ H ☐ I ☐

2 Il s'agit d'une recette difficile et chère.
☐ Vrai. ☐ Faux.

3 On utilise un moule à gâteau.
☐ Vrai. ☐ Faux.

4 Dans la préparation il faut mettre
☐ une pincée de sel.
☐ une pincée de poivre.

5 Il faut manger le plat
☐ chaud.
☐ froid.

Écrire

4 Tu es allé(e) dans un restaurant où tu as goûté des plats étranges. Imagine le menu de ce restaurant et donne au moins la recette d'un plat.

BONNE IDÉE !

Dans ce type d'activités, tu dois utiliser toute ton imagination. Imagine un restaurant avec un menu particulier dans lequel on ne sert que des plats originaux. Essaie d'être créatif et d'amuser ceux qui te liront.

6 CE QUE J'AIME...

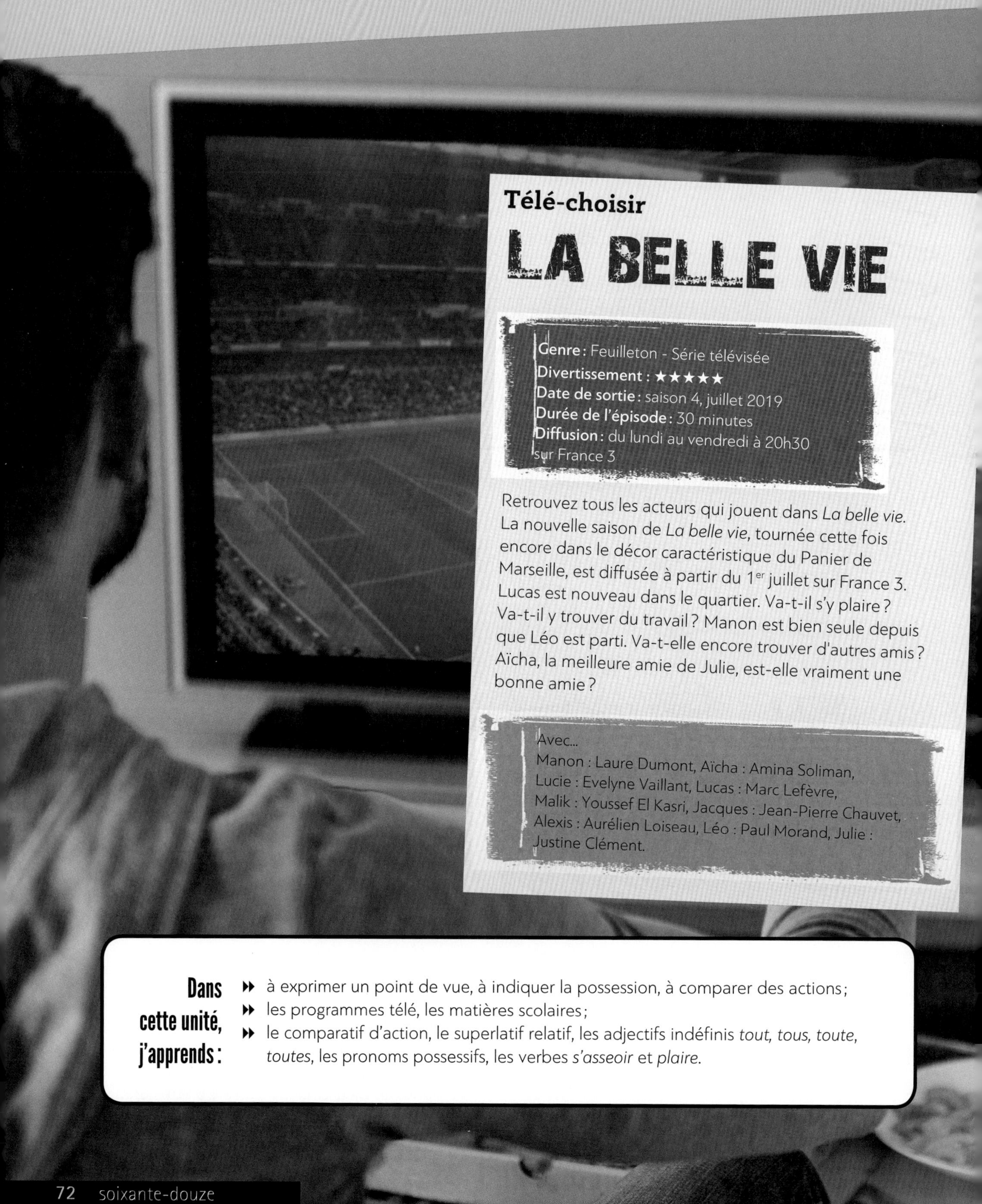

Télé-choisir

LA BELLE VIE

Genre : Feuilleton - Série télévisée
Divertissement : ★★★★★
Date de sortie : saison 4, juillet 2019
Durée de l'épisode : 30 minutes
Diffusion : du lundi au vendredi à 20h30 sur France 3

Retrouvez tous les acteurs qui jouent dans *La belle vie*. La nouvelle saison de *La belle vie*, tournée cette fois encore dans le décor caractéristique du Panier de Marseille, est diffusée à partir du 1er juillet sur France 3. Lucas est nouveau dans le quartier. Va-t-il s'y plaire ? Va-t-il y trouver du travail ? Manon est bien seule depuis que Léo est parti. Va-t-elle encore trouver d'autres amis ? Aïcha, la meilleure amie de Julie, est-elle vraiment une bonne amie ?

Avec...
Manon : Laure Dumont, Aïcha : Amina Soliman, Lucie : Evelyne Vaillant, Lucas : Marc Lefèvre, Malik : Youssef El Kasri, Jacques : Jean-Pierre Chauvet, Alexis : Aurélien Loiseau, Léo : Paul Morand, Julie : Justine Clément.

Dans cette unité, j'apprends :

- à exprimer un point de vue, à indiquer la possession, à comparer des actions ;
- les programmes télé, les matières scolaires ;
- le comparatif d'action, le superlatif relatif, les adjectifs indéfinis *tout, tous, toute, toutes*, les pronoms possessifs, les verbes *s'asseoir* et *plaire*.

1 Écoute et lis.

Le lundi matin à l'école.

Denise Grande première ce soir à la télé !

David Ah oui ? Qu'est-ce qu'il y a ?

Denise Le feuilleton le plus cool, le plus branché, le plus, le plus... Le meilleur !

André Non, ne me dis pas que c'est reparti pour une nouvelle saison ? C'est bien ça, j'ai bien compris !?

Denise Oui, mon cher, t'as bien compris. Ce soir, tout le monde devant *La belle vie*.

Ada Je le regarde tous les jours. Denise, ce soir je viens le regarder chez toi !

David Selon moi, les films d'aventure sont mieux. Les feuilletons, c'est pour les filles !

Ada Mais c'est pas vrai, tu regardes toujours tes feuilletons l'après-midi. Des feuilletons d'aventure, bien sûr... Beurk !

Le soir, chez Denise.

Denise Ada, c'est prêt : les pop-corn, les chips, les jus de fruits si on a soif... ça va commencer. Ada, assieds-toi !

On sonne.

Ada David, André ! Bah ! Qu'est-ce que vous faites là ? On ne vous avait pas invités !

André Rien, on passait par là...

Denise D'accord, vous pouvez venir. Mais c'est motus et bouche cousue.

Pendant le feuilleton, Denise assise par terre se retourne brusquement vers David assis derrière elle sur le divan.

Denise Mais qu'est-ce qui me gêne dans le dos ? Un livre de maths ! Il est à qui ce livre de maths ?

David C'est le mien. Pourquoi ?

Denise Tu as emmené ton livre de maths ! On voit que tu étudies plus que moi !

Ada Le feuilleton ne te plaît pas ?

David Si, je l'aime autant que toi mais...

André Demain, il a un contrôle de maths, alors entre le feuilleton et les maths, on peut comprendre...

2 Vrai ou faux ? Coche la bonne case.

		V	F
1	La scène se passe dans la rue.	☐	☒
2	Ada et Denise adorent les feuilletons.	☐	☐
3	David aime les films d'aventure.	☐	☐
4	David regarde des feuilletons.	☐	☐
5	David et André sont invités chez Denise.	☐	☐
6	David a emmené son livre de géo chez Denise.	☐	☐
7	David étudie plus que Denise.	☐	☐
8	Le lendemain, il y a un contrôle de maths.	☐	☐

BON À SAVOIR !

cool (*fam.*) = tranquille, à la mode
gêner = déranger
jouer = (ici) interpréter un rôle dans une œuvre théâtrale ou cinématographique
motus et bouche cousue (*fam.*) = ne rien dire
tourner = filmer
tomber amoureux = devenir amoureux

3 Lis le programme de *Télé-choisir* et réponds aux questions.

1 Combien de saisons de *La belle vie* a-t-on diffusé avant cette nouvelle saison ?
On a diffusé 3 saisons.

2 Combien de temps durent chaque épisode ?
____

3 Quand diffuse-t-on ce feuilleton ?
____

4 Quelle chaîne diffuse *La belle vie* ?
____

5 Quelle est la date du premier épisode de la saison 4 ?
____

6 Combien d'acteurs jouent dans la saison 4 de *La belle vie* ?
____

C'EST TON TOUR !

4 Est-ce que tu aimes les feuilletons ? Quels feuilletons tu regardes ?

Les programmes de télé

57 **1 Écoute, regarde les images et complète le texte.**

1 le journal télévisé

2 le film

3 le documentaire

4 le feuilleton

5 le dessin animé

6 l'émission de variétés

7 le reportage

8 l'émission sportive

Je regarde la télé tous les jours. Le matin, pendant le petit-déjeuner, je regarde le **journal télévisé** dans la cuisine. Mon petit frère, lui, regarde des ________________ dans le salon. En rentrant de l'école, je regarde souvent un ________________ sur les animaux ou des sujets scientifiques. J'aime bien ! Le soir, avec mes parents, nous regardons un ________________ mais aussi parfois des ________________ pour connaître ce qui se passe dans le monde. Ma mère et ma sœur regardent volontiers des ________________ ou des ________________. Moi, non, c'est pour les filles ! Le dimanche, avec mon père, je regarde notre ________________ préférée. Eh oui, papa et moi on est fanas de foot !

Le feuilleton

58 **2 Complète avec les mots en gras. Puis, écoute et vérifie.**

Le **casting**

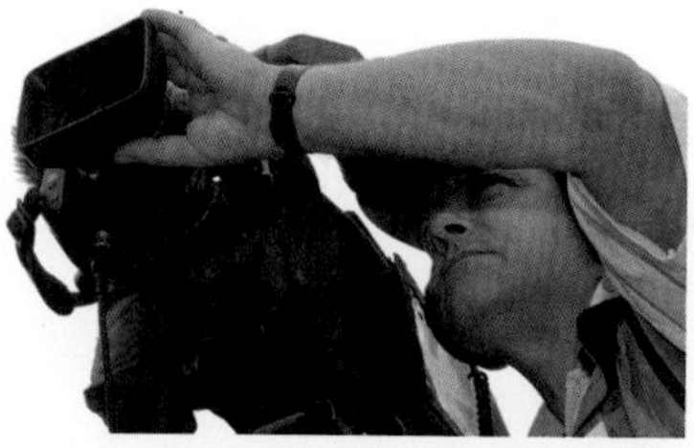
Olivier Déprés, le **réalisateur** derrière la **caméra**.

Un quartier de Marseille comme **décor**. *La belle vie*, **saison** 4, **épisode** numéro 1285

La belle vie, un feuilleton pas comme les autres qui a pour **décor** un quartier de Marseille, où les vies se rencontrent, les amitiés se font et se défont. Un ________________ exceptionnel : Manon, Aïcha, Lucie, Lucas, Malik et bien d'autres encore. Plus de 50 personnes ont travaillé à cette série colossale, avec à la ________________ Olivier, un ________________ d'exception. Sur le DVD les 300 ________________ de la première ________________.

Les matières scolaires

mathématiques • français • anglais LV1 • espagnol LV2
EPS • SVT • sciences physiques • arts plastiques • technologie
étude dirigée • histoire-géo • éducation musicale • latin

3 Complète l'emploi du temps avec les matières correspondantes.

	LUNDI	MARDI	MERCREDI	JEUDI	VENDREDI
8h00	mathématiques				
9h00					
10h00					
11h00					
12h00					
13h30					
14h30					
15h30					
16h30					

BON À SAVOIR !

SVT = sciences de la vie et de la Terre
EPS = éducation physique et sportive
LV1 = première langue vivante
On utilise aussi des abréviations : maths, histoire-géo, techno.

4 Complète ton emploi du temps.

	lundi	mardi	mercredi	jeudi	vendredi	samedi

Donner son avis

59 **1 Écoute et répète.**

A Selon moi, les films d'aventure sont meilleurs que les films d'amour.
B Je ne suis pas d'accord.

A À mon avis, tu étudies moins que...
B Au contraire, je...

A Pour moi, le meilleur c'est...
B Je ne suis pas de ton avis.

A Je trouve que...
B C'est vrai, tu as raison.
B Je ne partage pas ton point de vue.

A Qu'est-ce que tu penses de... ?
B Je pense que...

2 Par deux. Écrivez le dialogue et jouez-le.

Nabil

Les feuilletons :
- c'est idiot
- il y a trop d'épisodes
- les acteurs jouent mal
- c'est pour les filles

Les films d'aventure :
- les acteurs jouent bien
- les décors sont beaux
- on ne s'ennuie pas

Caroline

Les films d'aventure :
- c'est toujours la même chose
- les acteurs n'ont pas de sentiments
- il y a trop de violence

Les feuilletons :
- parlent des gens comme nous
- il y a des sentiments que nous pouvons comprendre
- les acteurs sont beaux

Indiquer la possession

60 **3 Écoute, complète et répète.**

Denise : Un livre de maths !
________________ de maths ?
David : ________________ Pourquoi ?

A À qui est ce livre ?
B Il est à lui.
B C'est le livre de...

A À qui appartient ce... ?
B C'est le mien.

A C'est à toi ce... ?
B Non, ce n'est pas à moi.

A C'est vous le propriétaire de... ?
B En effet, il m'appartient.

4 Par trois. Observez le dessin, imaginez le dialogue, puis jouez-le.

5 Avec tes camarades et ton professeur.

Vous fermez les yeux et votre professeur ramasse des objets sur vos tables. Ensuite, il les montre à tout le monde. Posez des questions et répondez.

– **Elle est à qui cette trousse ?**
– **C'est la trousse de...**
– **Elle n'est pas à moi.**
– **C'est la mienne.**

Faire des comparaisons

6 Écoute et répète.

A Le feuilleton ne te plaît pas ?
B Si, je l'aime autant que toi.

A Tu étudies plus que moi.
B Oui, c'est vrai.

A Tu aimes moins les maths que…
B Non, ce n'est pas vrai.

7 Regarde les dessins et imagine les dialogues.

1

2

3

C'EST TON TOUR !

8 Un copain et une copine parlent des séries qu'ils aiment. Par deux, imaginez et jouez le dialogue. Le garçon ouvre le livre à la page 110 et suit les instructions.

La fille salue ses amis et dit que ce soir il y a quelque chose de super à la télé.

Le garçon…

La fille dit que c'est une nouvelle saison de son feuilleton préféré.

Le garçon…

La fille dit qu'elle regarde des feuilletons mais ce ne sont pas les mêmes feuilletons que regardent les filles.

Le garçon…

La fille dit qu'elle adore parce que *Hawaii 5-0* est une série avec de l'action mais sans trop de violence et que les acteurs sont beaux.

Le garçon…

La fille invite son copain chez elle pour voir le nouvel épisode de *Hawaii 5-0*.

Le garçon…

SONS ET LETTRES

La prononciation de *plus*

1 Écoute et fais attention à la prononciation.

Elle ne l'aime plus !
Il est plus gentil que son frère.
Il est plus intelligent que toi.
J'ai plus de travail que toi.
J'en veux plus.
Elle l'aime plus que moi.

En français, **plus** se prononce :

- [ply] quand il a une valeur négative ou quand il est suivi d'un mot qui commence par une consonne.
- [plyz] quand il est suivi d'un adjectif qui commence par une voyelle ou un **h** muet.
- [plys] quand il a une valeur positive.

2 Choisis la prononciation correcte de *plus*, puis écoute et vérifie.

A [ply] B [plyz] C [plys]

1 [A] Il est plus fatigué qu'hier.
2 [ ] Je n'ai plus de colle.
3 [ ] Les œufs sont finis. Il en faut plus.
4 [ ] Nous n'avons plus de voiture.
5 [ ] Manon aime plus Lucas que Léo.
6 [ ] Le voyage est plus agréable que l'année dernière.

Le comparatif d'action

- Le comparatif d'action se réfère à un verbe.
  Il existe trois degrés de comparaison :
  + comparatif de supériorité : verbe + **plus que**.
  = comparatif d'égalité : verbe + **autant que**.
  - comparatif d'infériorité : verbe + **moins que**.
- On peut comparer une même action réalisée par des personnes différentes ou sur des objets différents.
  + *On voit que tu étudies* ***plus que*** *moi.*
  = *Cette série, je l'aime* ***autant que*** *toi.*
  - *J'étudie* ***moins*** *les maths* ***que*** *l'anglais.*

[!] **Que** s'apostrophe devant une voyelle ou un **h** muet :
Je chante plus qu'elle.

1 Fais des comparaisons sur les relations des personnages de *La belle vie*.

Manon

Lucas ♥♥♥	Jacques ⚡
Léo ♥♥	Malik ⚡⚡
Alexis ♥	Julie ⚡⚡⚡
Aïcha ♥	

Léo

Manon ♥♥♥	Jacques ⚡
Lucie ♥♥	Malik ⚡⚡
Alexis ♥	Julie ⚡⚡⚡
Aïcha ♥	

Aïcha

Lucas ♥♥♥	Jacques ⚡
Léo ♥♥	Malik ⚡⚡
Alexis ♥	Julie ⚡⚡⚡
Lucie ♥	

1 Manon aime plus Lucas que Léo.
Elle aime autant...
____

2 Léo ______________________________
____
____

3 Aïcha ______________________________
____
____

Le superlatif relatif

- Le superlatif relatif exprime le degré le plus haut ou le plus bas d'une qualité ou d'un défaut.
- Il se forme avec **le / la / l' / les + plus / moins +** adjectif ou adverbe + **de** (**du / de la / de l' / des**).
  C'est le feuilleton ***le plus*** *intéressant* ***de la*** *saison.*
  C'est le prof ***le moins*** *sévère* ***de l'****école.*

[!] **Bon**, **mauvais** et **bien** ont des superlatifs de supériorité irréguliers :
bon = le meilleur
mauvais = le pire
bien = le mieux
Selon moi, ce film d'aventure est ***le meilleur*** *de la saison.*
C'est la fille ***la mieux*** *habillée de la classe.*

2 Observe la grille et écris des phrases avec le superlatif relatif.

	Âge	Taille	Sports pratiqués
Manon	20	1,60 m	gymnastique, natation
Aïcha	22	1,55 m	ne pratique pas de sport
Lucas	23	1,80 m	basket, tennis, planche à voile
Malik	24	1,75 m	vélo

Lucas est le plus grand du groupe.

L'adjectif indéfini *tout*

	Singulier	Pluriel
Masculin	tout	tous
Féminin	toute	toutes

- L'adjectif indéfini **tout** s'accorde en genre et en nombre avec le nom qu'il accompagne.
- Il peut être suivi d'un article défini ou d'un adjectif démonstratif ou possessif.
  Je le regarde ***tous*** *les jours.*
  Je l'aime de ***tout*** *mon cœur.*

[!] **Tout le monde** est singulier.

3 **Complète les phrases avec l'adjectif indéfini *tout*.**

1 Julien a fait **tous** ses devoirs.
2 __________ mes copines sont venues me voir.
3 Je vais chez le dentiste __________ les ans.
4 Vous avez décidé de changer __________ vos meubles.
5 Il a étudié pendant __________ la semaine.
6 Il a mangé __________ ce pain !

Les pronoms possessifs

Masculin singulier	Masculin pluriel
le mien	les miens
le tien	les tiens
le sien	les siens
le nôtre	les nôtres
le vôtre	les vôtres
le leur	les leurs

Féminin singulier	Féminin pluriel
la mienne	les miennes
la tienne	les tiennes
la sienne	les siennes
la nôtre	les nôtres
la vôtre	les vôtres
la leur	les leurs

- Les pronoms possessifs s'emploient pour remplacer un groupe composé d'un **adjectif possessif + un nom.**
  *C'est **mon livre**. = C'est **le mien**.*
- Les pronoms possessifs varient selon la personne, le genre et le nombre. La personne est celle qui possède et le genre et le nombre dépendent de l'objet ou de l'être possédé.

[!] Quand le pronom possessif suit la préposition **à** ou **de**, ces dernières suivent les mêmes règles que celles de la formation des articles contractés.
*Je parle de ma sœur et il parle **de la** sienne.*

4 **Transforme selon le modèle.**

1 C'est leur portable.
C'est le leur.
2 Ce sont nos parents.
____
3 C'est votre voiture.
____
4 Voilà mes photos.
____
5 C'est ton stylo ?
____
6 C'est l'appareil photo de Julien ?
____

Les verbes *s'asseoir* et *plaire*

Indicatif présent	
s'asseoir	**plaire**
Je m'assieds	Je plais
Tu t'assieds	Tu plais
Il/Elle s'assied	Il/Elle plaît
Nous nous asseyons	Nous plaisons
Vous vous asseyez	Vous plaisez
Ils/Elles s'asseyent	Ils/Elles plaisent

[!] Le verbe **s'asseoir** a deux formes de conjugaison.
➩ Voir : *Tableau des conjugaisons.*

5 **Conjugue les verbes entre parenthèses.**

1 Je suis en jean, je **m'assieds** (s'asseoir) par terre.
2 Cette série __________ (plaire) à toutes les filles.
3 __________ (s'asseoir) et prenez vos livres !
4 Nous nous __________ (plaire) beaucoup dans cet appartement.
5 Il __________ (s'asseoir) toujours de travers.
6 Tu ne me __________ (plaire) pas avec ta nouvelle coiffure.
7 Nous __________ (s'asseoir) pour écouter la leçon.
8 Ces romans __________ (plaire) aux amis de Lucie.

Lire

1 Lis ce texte et réponds aux questions.

Un décor pas comme les autres
Lorsque France 3 a cherché un décor pour *La belle vie*, c'est tout de suite au quartier du Panier de Marseille qu'on a pensé. Le Panier est un quartier populaire situé sur une colline qui domine le vieux port. Ses maisons colorées, ses petites rues et ses places caractéristiques le font ressembler à un village. Et c'est justement ce que recherchait France 3 comme ambiance pour son feuilleton : un lieu qui a une identité presque intime, où les relations entre les gens sont fortes, où tout le monde participe à la vie de tout le monde. Mais ce n'est pas réellement dans le quartier du Panier que les scènes sont tournées. En effet, le quartier de *La belle vie* est un univers totalement recréé en studio. Tout le décor de *La belle vie* est une construction en bois et en carton-pâte. Et ce n'a pas été facile. Il fallait y mettre une petite place, un bistrot, un hôtel et quatre boutiques... tout ça dans peu de place et en peu de temps. Le résultat ? Une petite merveille de décor. Au centre, une petite place. À droite, l'hôtel où travaille Manon. Juste après, le bistrot que tient Léo. Après le bistrot, l'agence de voyage où travaille Aïcha. Sur la gauche de la place, la boutique des souvenirs et au fond, le magasin de primeur qui fait juste l'angle avec la ruelle des Acacias. Au premier étage, au-dessus du magasin de primeur, la compagnie d'assurance dont Lucas est le nouveau directeur.

1 Le lieu qui a inspiré le décor de La Belle Vie est le quartier du Panier. ☐ Vrai ☐ Faux.
2 Ce quartier donne sur ☐ une colline ☐ une montagne ☐ un port.
3 Le feuilleton a été tourné dans ce quartier. ☐ Vrai ☐ Faux.
4 Le décor est en ☐ bois ☐ papier ☐ plastique.

2 Relis le texte et place les éléments du décor dans leur contexte.

1 Les plus beaux souvenirs
2 *Hôtel des deux Magots*
3 Le rendez-vous des amis
4 Les quatre saisons
5 Toujours sûrs, l'assurance qui vous rassure
6 *Le tour du monde*

Écouter

1 
2 
3 

3 Écoute ces interviews et complète le tableau.

A Elle regarde *La belle vie* ?	
Interviewée numéro 1	☐ jamais ☐ rarement ☐ souvent
Interviewée numéro 2	☐ jamais ☐ rarement ☐ souvent
Interviewée numéro 3	☐ jamais ☐ rarement ☐ souvent

B Elle aime *La belle vie* ?	
Interviewée numéro 1	☐ pas du tout ☐ un peu ☐ beaucoup
Interviewée numéro 2	☐ pas du tout ☐ un peu ☐ beaucoup
Interviewée numéro 3	☐ pas du tout ☐ un peu ☐ beaucoup

4 Qui dit quoi ? Écoute encore une fois et attribue chaque phrase à la personne qui l'a prononcée.

A ☐ Tous les jours. J'ai vu tous les épisodes.
B ☐ Ça ne me plaît pas du tout.
C ☐ Je trouve que c'est pour les jeunes.
D ☐ Je ne suis pas d'accord. Je préfère les bonnes séries des années 70.
E ☐ Je pense que c'est idiot... toutes ces histoires, tous ces personnages.
F ☐ Pour moi, c'est le meilleur feuilleton.
G ☐ Il joue trop bien, cet acteur !

Écrire

5 Lis le récit de l'épisode de *La belle vie* et écris le dialogue.

Manon est à la reception de l'hôtel où elle travaille quand, soudain, la porte s'ouvre. C'est Julie. Elle entre et salue Manon à voix basse. Elle dit qu'elle doit lui parler. Manon répond qu'elle n'a rien à dire parce qu'elles ne sont plus amies. Julie demande à Manon de l'écouter. Elle lui répond qu'elle l'écoute.
Julie dit qu'elle a fait une erreur, qu'elle a été bête. Manon lui dit que c'est trop tard. Julie insiste et dit qu'elle sait maintenant que Manon est sa meilleure amie.

La scène se passe à l'Hôtel des deux Magots.

Julie ______________________
Manon ______________________
Julie ______________________
Manon ______________________
Julie ______________________
Manon ______________________
Julie ______________________

Parler

6 Par deux. Choisissez un rôle du dialogue que vous venez d'écrire et jouez-le.

BONNE IDÉE !

Quand tu dois écrire un dialogue à partir d'un texte, souviens-toi de suivre le fil conducteur qui t'est donné et de respecter la répartition des dialogues entre les personnages. Fais attention aux pronoms ! Dans le texte, tu trouves les pronoms à la troisième personne et dans le dialogue tu dois employer les pronoms **je**, **tu**, **nous** ou **vous** selon le contexte. Les pronoms possessifs doivent aussi être adaptés aux personnes qui parlent.

J'APPRENDS QUAND JE PRÉPARE ET JE PRÉSENTE UN EXPOSÉ ORAL !

Préparer l'exposé :

1 Documente-toi.
2 Fais un plan.
3 Choisis ce que tu vas dire : note tes idées.
4 Prépare un plan de ce que tu vas dire : structure tes idées (utilise des connecteurs logiques).
5 Prépare une affiche illustrée de ton travail avec des images et des photos.
6 Entraîne-toi et enregistre-toi.
7 Chronomètre-toi.

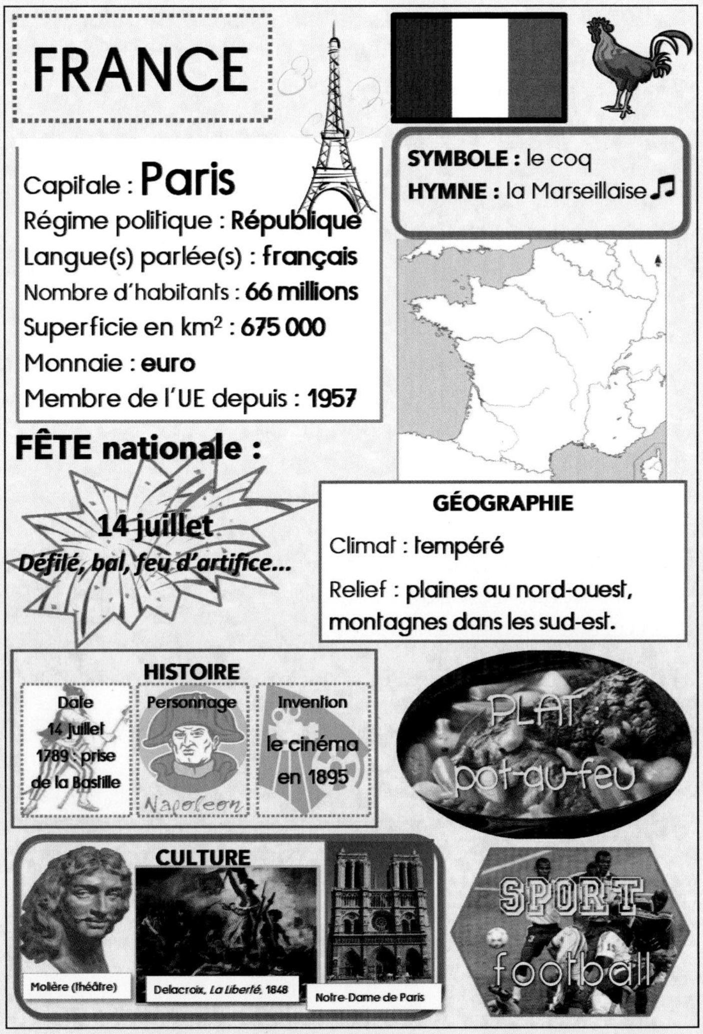

Présenter l'exposé :

1 Accroche ton affiche au tableau.
2 Parle fort, lentement et clairement (pense à bien articuler).
3 Fais des phrases simples :

SUJET | VERBE | COMPLÉMENT

4 Regarde tes camarades et le professeur.
5 Présente et explique les documents sur l'affiche.
6 Pense à utiliser le tableau pour écrire les dates, les mots importants et les mots nouveaux.
7 Remercie tes camarades et demande-leur s'ils ont des questions.

À l'écrit et à l'oral : fais attention à la méthodologie !

- Introduis ton sujet :
  Tout d'abord…
- Justifie ton choix :
  J'ai choisi de parler de… parce que…
- Connecte tes idées entre elles. Il doit y avoir une progression :
  ensuite – après – puis – et
- Conclus ton travail :
  enfin = finalement = pour conclure

BON À SAVOIR !

Éveille la curiosité de tes camarades :
Je vais vous parler de quelque chose qui va vous intéresser !

RITUEL

À la maison :
- Écoute du français, la compréhension et la production orales sont liées.
- Pratique l'oral seul(e) : entraîne-toi à parler dans ta tête ou à voix haute. C'est un excellent moyen de mémoriser.
- Enregistre-toi dès que tu peux : en lisant, en parlant, en chantant, etc.

En classe :
Parle le plus possible, n'aie pas peur de faire des erreurs (c'est fait pour progresser, les erreurs !).

À toi !

1 **As-tu déjà présenté un exposé en français ? Sur quel sujet ? Échange avec tes camarades.**

2 **Quelles stratégies as-tu utilisées pour préparer et présenter ton exposé ?**

3 **Choisis un thème et prépare un exposé sur le thème. Suis les conseils donnés dans cette double page.**

7 QUE S'EST-IL PASSÉ HIER ?

Vol de tableau au musée d'Orsay

On a volé le célèbre tableau *Coquelicots* de Monet hier au musée d'Orsay. La police a ouvert une enquête.

Hier, vers quinze heures trente, alors que des visiteurs quittaient la salle 35, deux individus avec une cagoule sur la tête ont volé *Coquelicots* de Monet. Après la sortie des visiteurs, pendant que l'un surveillait la porte, l'autre a décroché le tableau. L'opération n'a duré que quelques minutes et les cambrioleurs ont fui par une des fenêtres du musée où une corde pendait jusqu'au sol.

C'est un des chefs-d'œuvre de l'impressionnisme français qui vient de disparaître. La police s'interroge sur le mobile d'un tel vol. En effet, on ne peut pas vendre un tableau aussi connu sur le marché de l'art. La police a ouvert une enquête. Les caméras ont enregistré toute la scène mais on n'a pas encore identifié les deux voleurs. La police recherche des indices parmi les visiteurs du musée pour faire un portrait-robot.

Dans cette unité, j'apprends :

- à raconter un fait-divers, à interroger quelqu'un, à rapporter un discours ;
- le lexique pour situer un fait dans le passé, les journaux et les rubriques, la police et les enquêtes ;
- l'emploi de l'imparfait et du passé composé, le discours indirect, les pronoms démonstratifs, les verbes *ouvrir* et *fuir*.

1 Écoute et lis.

Le jeudi après-midi chez Tom.

Clara Regardez la première page du journal !
Tom Qu'est-ce qu'elle dit ?
Clara Elle dit qu'on a volé *Coquelicots* hier au musée d'Orsay !
Léa Fais voir l'article!
Clara Tiens, lis !
Léa *[Lit l'article du journal page 84].* Mais c'est quand on y était ! On l'a vu ce tableau !
Clara Mais oui, c'est celui qui nous plaisait tant ! C'est le tableau peint par Monet en 1873.
Tom Regardez, il y a une enquête. À propos, vous ne vous souvenez pas de deux types bizarres avec des cagoules à la main ?
Omar Oui, je les ai remarqués. Des cagoules en cette saison, ça ne me semblait pas normal. Ce sont eux les coupables !
Tom Vite, il faut aller au commissariat !

Au commissariat de police.

Policier Alors, racontez-moi ce que vous avez vu.
Tom Eh bien, d'abord, on a remarqué ces deux types qui tenaient une cagoule à la main. On a trouvé ça bizarre. Ils se sont approchés du tableau de Monet. Le guide a dit qu'il ne fallait pas s'approcher comme ça. Puis, on est sortis de la salle avec tous les visiteurs.
Léa Ils ont volé le tableau après notre sortie, n'est-ce pas ?
Policier Oui, c'est ça. Est-ce que vous reconnaissez ces hommes sur ces photos ?
Omar Non, ce ne sont pas ceux-là, j'en suis sûr.
Clara Celui-ci, peut être. Celui avec les lunettes. Ou bien celui-là... Heu, ils se ressemblent, vous ne trouvez pas ?
Policier Bien les jeunes... Merci quand même pour votre collaboration. On vous appelle si on a encore besoin de vous.

BON À SAVOIR !

la cagoule = sorte de bonnet qui recouvre tout le visage ne laissant voir que les yeux
le mobile = motif
le coupable = responsable
le portrait-robot = portrait d'un individu recherché dans une enquête
le commissariat = endroit où le commissaire de police travaille

2 Vrai ou faux ? Coche la bonne case.

		V	F
1	Les quatre amis ont visité le musée d'Orsay.	☒	☐
2	Ils ont remarqué deux individus bizarres.	☐	☐
3	Ils ont été témoins du vol.	☐	☐
4	Ils décident d'aider la police.	☐	☐
5	Le guide dit de ne pas s'approcher des tableaux.	☐	☐
6	Ils reconnaissent les voleurs sur les photos.	☐	☐

3 Relis l'article et réponds aux questions.

1. Où a-t-on volé *Coquelicots* ?
   On a volé *Coquelicots* au musée d'Orsay.
2. Comment étaient les hommes qui ont volé *Coquelicots* ?
3. À quel moment ont-ils volé le tableau ?
4. Par où se sont-ils enfuis ?
5. Pourquoi ce vol est-il surprenant ?
6. Qu'a fait la police ?

C'EST TON TOUR !

4 As-tu déjà assisté à un vol ? Quand cela s'est-il passé ? Qu'est-ce qu'on a volé ?

Le temps

1 Complète le texte avec les mots proposés.

60 minutes = l'heure
24 heures = le jour
7 jours = la semaine
30 jours = le mois
365 jours = l'année
100 années = le siècle

On peut diviser le temps en différentes unités.
L'unité la plus grande, c'est **le siècle** qui dure 100 ____________ .
Une ____________ dure 12 ____________ .
Un ____________ dure quatre ____________ .
Une ____________ dure sept ____________ et
un ____________ dure 24 ____________ . Tu as compris ?

2 Associe chaque œuvre, artiste ou mouvement à son époque.

1 [G] Georges Braque, Pablo Picasso, période cubiste (1907-1914)
2 [ ] Léonard de Vinci, *La Joconde*, 1503-1506
3 [ ] Le Rock 'n' Roll, James Dean, Elvis Presley, Marilyn Monroe
4 [ ] Peinture sur vase, Grèce, 520 av. J.-C.
5 [ ] Le Caravage, peinture baroque
6 [ ] Peintures de la grotte de Lascaux, environ 15000 ans av. J.-C.
7 [ ] Fresques médiévales
8 [ ] *Coquelicots*, Claude Monet, 1873

A La Préhistoire
B L'Antiquité
C Le Moyen-Âge
D La Renaissance
E Les 16e et 17e siècles
F Le 19e siècle
G Les temps modernes
H Les années 1950

Le quotidien et ses rubriques

3 Lis et associe.

Rubriques

- international
- société
- sport
- culture
- faits-divers
- politique

1 [A] Une (de l'actualité) (n. f.). C'est la première page d'un journal. Elle présente les informations les plus importantes de l'actualité.
2 [ ] Article (n. m.). C'est un texte publié sur un sujet.
3 [ ] Titre (n. m.). C'est une expression ou une phrase, généralement écrite en gros, qui annonce le contenu de l'article.
4 [ ] Photo (n. f.). C'est une image qui, dans un article, illustre le texte.
5 [ ] Le chapeau (d'article) (n. m.). C'est un petit texte qui présente l'article.

4 Écoute et complète le texte.

Ces derniers temps, nous avons fait des choses intéressantes avec notre professeur de français. Nous avons décidé de faire un journal du collège. D'abord, nous avons trouvé un nom. Nous l'avons appelé *Notre journal*. Puis, nous avons choisi les **rubriques**. Pour le numéro 1 de notre journal, tous les élèves ont écrit des ______________ . Nous avons aussi choisi leur ______________ . Et puis, pour certains, nous avons écrit des ______________ . Nous avons ensuite choisi les meilleurs et aussi des ______________ pour les illustrer. Notre professeur de techno nous a aidé à les taper sur ordinateur. À la ______________ de notre premier numéro, nous avons parlé de la semaine sportive organisée par notre collège.

La police et les enquêtes

5 Lis l'article et trouve la définition correspondant à chaque mot.

Du nouveau sur l'affaire *Coquelicots*

Après le vol du célèbre tableau *Coquelicots* au musée d'Orsay la semaine dernière, la police a ouvert une enquête. Le commissaire du 7e arrondissement a demandé à tous les visiteurs du musée ce jour-là de passer au commissariat pour faire une déposition. Personne n'a été témoin du vol, mais les voleurs étaient parmi les visiteurs avant le vol. Des adolescents qui visitaient le musée ont affirmé avoir remarqué deux individus bizarres avec une cagoule à la main. C'est un premier indice. Ces deux hommes pourraient être les voleurs. La police a déjà convoqué pour un interrogatoire tout le personnel du musée. Un premier suspect a été arrêté. Il s'agit d'un guide qui possède une armoire dans les vestiaires du personnel du musée. Son complice pourrait être son fils de 14 ans. Pas de preuve pour l'instant. Le père et le fils ont un alibi.

1 **Vol** *(n. m.)* Action de prendre quelque chose sans en avoir le droit.

2 ______________ *(n. m.)* Signe qui indique quelque chose.

3 ______________ *(n. m.)* Personne qui a vu quelque chose.

4 ______________ *(n. f.)* Action de dire quelque chose à la police.

5 ______________ *(n. m.)* Personne dont la police pense qu'elle pourrait être coupable.

6 ______________ *(v.)* Action de la police lorsqu'elle prend un coupable.

7 ______________ *(n. m.)* Personne qui prend quelque chose sans en avoir le droit.

8 ______________ *(n. f.)* Recherche pour découvrir ce qui s'est passé.

9 ______________ *(n. f.)* Quelque chose qui démontre la vérité.

10 ______________ *(n. m.)* Action typique de la police de poser des questions pour découvrir quelque chose.

Raconter un fait-divers

67 **1 Écoute et répète.**

Que s'est-il passé ? Racontez-moi les circonstances...

- D'abord, on a remarqué...
- Pendant que nous visitions le musée, deux individus...
- Tout d'un coup, ils ont...
- Ensuite, ils...
- Puis, ils...
- Enfin, ils...

BON À SAVOIR !

Pour raconter des événements, on emploie des connecteurs temporels comme **d'abord**, **ensuite**, **puis**, **enfin**. Pour exprimer la simultanéité, on peut utiliser : **pendant** + nom ; **alors que** + phrase ; **pendant que** + phrase.

2 Regarde les dessins et raconte ce qui s'est passé.

Deux voleurs...

Interroger quelqu'un

68 **3 Écoute et répète.**

A Où vous trouviez-vous au moment des faits ? — B Je me trouvais...

A Avez-vous été témoin ? — B Oui, j'étais présent quand... / B Oui, j'ai vu...

A Que faisiez-vous au moment des faits ? — B J'étais en train de...

A Qu'avez-vous vu ? — B J'ai vu un homme.

A Pouvez-vous le décrire ? — B Oui, je crois.

4 Regarde les images et complète le dialogue. Ensuite, joue-le avec un(e) camarade.

A = le commissaire B = le témoin

A Bonjour, monsieur. C'est pour une déposition ?
B **Oui, c'est ça monsieur le commissaire. J'ai été témoin d'un vol de sac.**
A Où vous trouviez-vous au moment du vol ?
B ______________________
A Que faisiez-vous au moment des faits ?
B ______________________
A Qu'avez-vous vu ?
B ______________________
A Et que s'est-il passé ensuite ?
B ______________________
A Pouvez-vous décrire le voleur ?
B ______________________

Rapporter un discours

5 Écoute et répète.

A Qu'est-ce qu'il dit ? B Il dit qu'il...

A Elle lui demande son nom. B Il répond qu'il s'appelle Lucas.

A Qu'est-ce qu'il a affirmé ? B Il a affirmé qu'il n'était pas d'accord.

A Qu'est-ce qu'elle a déclaré ? B Elle a déclaré qu'elle partait.

A Qu'est-ce qu'il a expliqué ? B Il a expliqué qu'il n'était pas à la maison.

6 Rapporte les paroles, puis compare avec un(e) camarade.

1 « Je reviens tout de suite. »
Elle dit que ______

2 « Les baleines ne sont pas des poissons. »
Il explique que ______

3 « Sofia, je t'aime depuis toujours ! »
Il ______

C'EST TON TOUR !

7 Un garçon a assisté à un vol dans un grand magasin. Il va au commissariat pour faire une déposition. Par deux, imaginez et jouez le dialogue. Le commissaire ouvre le livre à la page 110.

Le commissaire...
Le garçon dit qu'il veut faire une déposition et qu'il a assisté à un vol dans un magasin.
Le commissaire...
Le garçon dit qu'il était en train de choisir un nouveau portable quand il a remarqué un type bizarre qui regardait les portables.
Le commissaire...
Le garçon dit qu'il avait un blouson et qu'à travers on voyait des objets qui ressemblaient à des boîtes.
Le commissaire...
Le garçon dit que c'est parce que tout d'un coup la vendeuse s'est mise à crier que des boîtes de portables n'étaient plus à leur place et que l'homme bizarre s'est enfui.
Le commissaire...
Le garçon décrit l'homme (physique et habits).
Le commissaire...
Le garçon salue le commissaire.

SONS ET LETTRES

Le *h* aspiré et le *h* muet

1 Écoute et fais attention à la prononciation.

l'homme / les hommes • l'hebdomadaire / les hebdomadaires • l'hirondelle / les hirondelles
la harpe / les harpes • le héros / les héros
le haricot / les haricots

- La lettre **h** ne se prononce pas ; il existe deux types de **h**, le **h** muet et le **h** aspiré.
- Le **h** muet permet l'élision du déterminant et la liaison. l'homme [lɔm] / les hommes [lezɔm]
- Le **h** aspiré ne permet ni de faire l'élision ni de faire la liaison : le héros [lə'ero] / les héros [le'ero].
- Il n'existe pas de règle pour différencier un **h** muet d'un **h** aspiré. Certains dictionnaires écrivent le **h** aspiré en italique et d'autres mettent une apostrophe devant la transcription phonétique : le *h*aricot ['arico].

71 **2 Complète comme dans l'exemple. Lis ce que tu as écrit, puis écoute et vérifie.**

1 *homme* [ɔm], nom masculin :
l'homme, les hommes
héros [lə'ero], nom masculin :
le héros, les héros

2 *hache* ['aʃ], nom féminin :
______

3 *haltère* [altɛʀ], nom masculin :
______

4 *hôpital* [ɔpital], nom masculin :
______

5 *hameçon* [amsõ], nom masculin :
______

6 *hamster* ['amstɛʀ], nom masculin :
______

L'imparfait et le passé composé

- Pour raconter au passé, on emploie le passé composé et l'imparfait.
- Le passé composé exprime en général une action terminée.
  *Hier, je **suis allé(e)** au musée d'Orsay.*
- L'imparfait s'emploie dans les descriptions pour exprimer une action en cours ou une action qui se répète.
  *Notre maison **était** grande avec des fenêtres en bois.*
  *Quand j'**étais** petite, j'**aimais** les bonbons.*
  *Tous les jours, ma grand-mère **allait** à l'école à pied.*
- On peut employer le passé composé et l'imparfait pour exprimer la simultanéité de deux actions. L'imparfait pour parler de l'action la plus longue et le passé composé pour un événement de courte durée.
  *Alors que les visiteurs **quittaient** la salle 32, deux individus **ont volé** un tableau.*

1 Raconte cet épisode au passé.

Je suis en retard.
J'arrive au collège quand on ferme les portes.
J'entre quand même. J'arrive en classe quand tout le monde est déjà assis. Le prof me demande des explications.
Je m'excuse mais il ne m'écoute pas.
Il me dit de venir au tableau et il m'interroge.
Je ne me souviens plus de ce qu'il faut étudier.
Il me pose des questions mais je ne réponds rien. Il me met une mauvaise note pendant que je sors mes affaires de mon cartable. Ce n'est pas juste. Comme il ne veut pas m'écouter, je m'assieds à ma table en silence.
Il est inutile de protester !

Lundi matin, j'étais en retard.

Le discours indirect

- Le discours indirect s'utilise pour rapporter le discours de quelqu'un. Il est toujours introduit par des verbes déclaratifs : **dire**, **déclarer**, **répondre**, **crier**, **expliquer**, **remarquer**...
  ***Il dit qu'**il sort acheter du pain.*
  ***Il répond qu'**il ne veut pas venir.*
  ***Il explique qu'**il n'aime pas les feuilletons.*
- Quand on passe du discours direct au discours indirect :
  - les pronoms, les adjectifs possessifs et les verbes qui se réfèrent à la personne qui parle passent à la troisième personne du singulier ou du pluriel.
    Elles disent : « Nous venons avec notre voiture. »
    *Elles disent qu'**elles** viennent avec leur voiture.*
  - si le temps du verbe introductif est au présent ou au futur, le temps du verbe du discours indirect ne change pas.
    Il dit : « Je viens tout de suite. »
    Il dit qu'il vient tout de suite.
  - si le temps du verbe introductif est au passé, le temps du verbe du discours indirect change (du présent à l'imparfait).
    *Il a dit : « Je **viens** tout de suite. »*
    *Il a dit qu'il **venait** tout de suite.*

2 Transforme au discours indirect.

1 Il dit : « J'ai faim. »
Il dit qu'il a faim.

2 Elle a dit : « Je ne veux pas venir. »
____

3 Il a répondu : « Je ne viens pas. »
____

4 Ils ont expliqué : « Nous n'avons pas de voiture. »
____

5 Elle remarque : « Mon sac est trop petit ».
____

6 Il a déclaré : « Je suis le nouveau prof de français. »
____

7 Il a crié : « Je ne suis pas coupable. »
____

8 Elles ont dit : « Notre grand-mère habite en France. »
____

Les pronoms démonstratifs

3 Relis le dialogue à la page 85 et complète la phrase.

– Est-ce que vous reconnaissez ces hommes sur ces photos ?
– Non, ce ne sont pas ____________, j'en suis sûr.

	Pronoms simples	Pronoms composés
Masculin singulier **Masculin pluriel**	celui ceux	+ -ci, -là
Féminin singulier **Féminin pluriel**	celle celles	

- On emploie les pronoms démonstratifs à la place d'un nom déjà cité pour éviter les répétitions ou pour permettre de faire une différence.
- Les pronoms démonstratifs ont des formes simples et des formes composées et ils s'accordent avec le nom qu'ils représentent.
- Les pronoms simples s'utilisent suivis d'une préposition ou d'un pronom relatif.
  – Tu veux un stylo ?
  – Non merci, j'ai pris ***celui*** *de mon voisin.*
  – C'est lui ton frère ?
  – Non, c'est ***celui*** *qui parle avec le prof.*
- Les pronoms composés s'utilisent pour exprimer une opposition entre deux personnes ou deux objets.
  – Tu prends ce livre-ci ?
  – Non, je prends ***celui-là****.*
- **Ce**, **cela** et **ceci** sont des pronoms démonstratifs neutres. **Ça** est la forme contractée de **cela**. Les formes neutres ne représentent pas un nom déterminé. **Ce** s'emploie avec le verbe **être** dans les formes **c'est** / **ce sont**. **Cela (ça)** s'emploie souvent dans des expressions sans sujet.
  Je n'ai pas entendu ***ce*** *que tu as dit.*
  Cela *n'a pas de sens.*
  Ça *n'a pas d'importance.*
  Ceci/Cela *importe peu.*
  Ça *suffit !*
  Ça *dépend.*

4 Complète les phrases avec un pronom démonstratif.

1 Je n'aime pas ce pull-ci, je préfère **celui-là**.
2 La fille aux yeux verts ? C'est ____________ qui nous a indiqué la route.
3 Ils adorent cette photo-ci, mais ____________ est plus intéressante.
4 Donnez-moi ces deux gâteaux : ____________ au chocolat et ____________ à la crème.
5 On n'aime pas ces pantalons-ci, on préfère ____________ .
6 Tu as vu ses vêtements, ce sont ____________ qu'il a achetés au Brésil.

Les verbes *ouvrir* et *fuir*

Indicatif présent	
ouvrir	**fuir**
J'ouvre	Je fuis
Tu ouvres	Tu fuis
Il/Elle ouvre	Il/Elle fuit
Nous ouvrons	Nous fuyons
Vous ouvrez	Vous fuyez
Ils/Elles ouvrent	Ils/Elles fuient

- Le verbe **fuir** prend un **y** à la place du **i** aux deux premières personnes du pluriel. Ce verbe a différentes significations.
  Les voleurs fuient.
  La bouteille fuit.
  Les acteurs fuient les photographes.
  Le verbe **s'enfuir** se conjugue comme **fuir**.
  ➩ Voir : *Tableau des conjugaisons.*

5 Complète avec les verbes *ouvrir, s'enfuir* ou *fuir*.

1 Il **ouvre** la porte.
2 Les voleurs ____________ par la fenêtre.
3 Ce robinet ____________ .
4 Nous ____________ les lieux où il y a beaucoup de monde.
5 ____________ vos livres à la page 40 !
6 Les magasins ? Ils ____________ à 9 heures.

Écouter

72 **1** Un témoin a vu le voleur sans cagoule. Il est avec le commissaire qui l'interroge. Écoute, choisis et compose le portrait-robot du suspect. Puis, dessine-le.

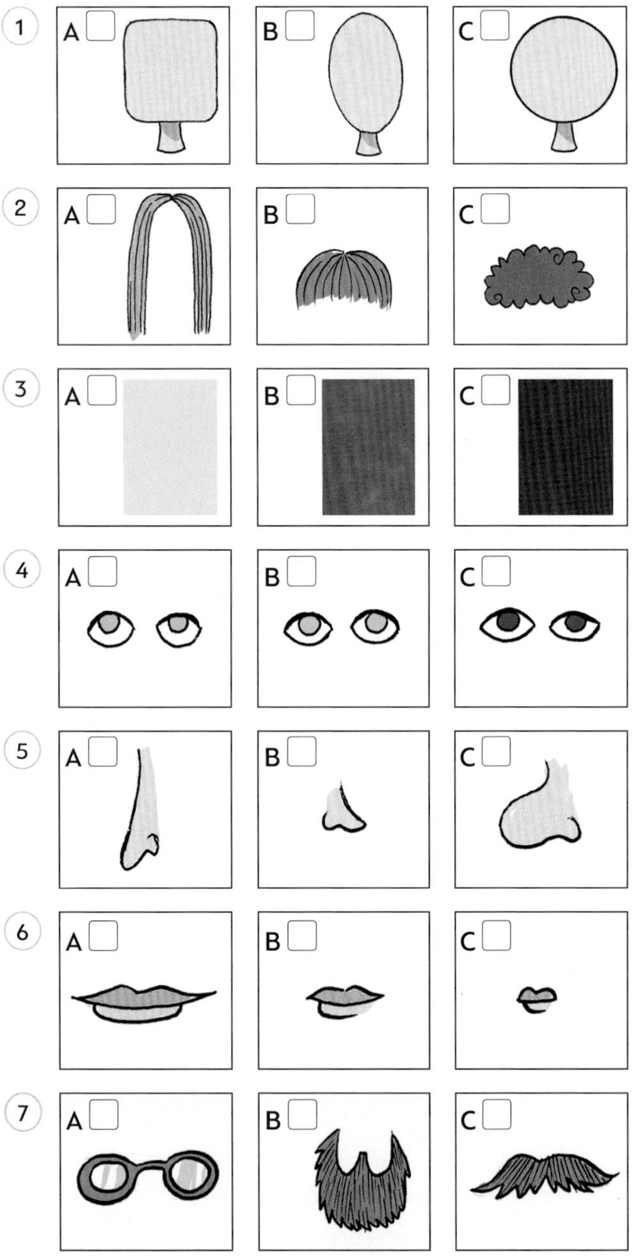

BONNE IDÉE !

Généralement, un fait-divers répond à 6 questions:
Qui ? Qui sont les personnes impliquées ?
Quoi ? Que s'est-il passé ?
Où ? Dans quel lieu s'est passée l'action ?
Quand ? Quel jour et à quelle heure a eu lieu l'action ?
Comment ? On répond à cette question en énumérant les événements. Pour raconter, on utilise des connecteurs temporels.
Pourquoi ? Un article sur un fait-divers donne presque toujours une courte explication sur le motif de l'événement.

Parler

2 **Tu as été témoin du vol de *Coquelicots* et tu vas faire une déposition au commissariat. Écris le dialogue, puis joue-le avec un(e) camarade.**

Lire

3 Voici un fait-divers. Remets-le dans le bon ordre, puis complète la grille.

Elle retrouve sa voiture grâce à son portable !

- ☐ Madame Dutour a d'abord été au commissariat et a fait une déposition.
- ☐ Pendant le trajet en train, elle a voulu appeler sa mère pour lui raconter sa mésaventure mais elle n'a pas trouvé son portable dans son sac. Elle s'est alors souvenue où était le portable : dans sa voiture !
- ☐ Après son travail, elle est retournée au commissariat pour dénoncer également le vol du portable.
- ☐ Hier matin, Jeanne Dutour qui habite en banlieue de Paris n'a pas retrouvé sa voiture à la place de parking où elle la gare normalement.
- ☐ Le commissaire a souri lorsqu'elle lui a raconté que son portable était dans la voiture. « Vous avez de la chance madame », lui a-t-il dit. « Attendez-moi, je reviens. »
- ☐ La voiture, une Peugeot de plus de 15 ans, n'était pas fermée à clé. La porte était cassée depuis plusieurs mois mais madame Dutour ne pensait pas la faire réparer, vu l'âge de la voiture.
- ☐ Puis, elle est allée travailler en train. Madame Dutour travaille au musée d'Orsay. Elle est guide.
- ☐ 10 minutes après, le commissaire est revenu et a déclaré que la voiture se trouvait au parking et que le portable était encore dedans. C'est là que madame Dutour s'est enfin souvenue que sa voiture était garée dans le parking mais un étage plus bas que d'habitude !

QUI ?	QUOI ?	OÙ ?	QUAND ?	COMMENT ?	POURQUOI ?

Écrire

4 À l'aide du tableau ci-dessous, écris l'article de la fin du fait-divers *Coquelicots*. N'oublie pas le titre et le chapeau d'article.

QUI ?	QUOI ?	OÙ ?	QUAND ?	COMMENT ?	POURQUOI ?
la police	a retrouvé le tableau *Coquelicots*	au domicile du guide	une semaine après le vol au musée	la police s'est rendue chez le guide	le guide a appelé la police, il a avoué être le coupable et il a dit qu'il voulait rendre le tableau au musée
le guide du musée	le guide s'est dénoncé à la police et a rendu le tableau au musée	chez lui	une semaine après le vol au musée	il a téléphoné à la police	le guide avait pris le tableau parce qu'il voulait en faire une copie pour son salon, car il ne pouvait pas peindre au musée

8 SI JE RÉUSSIS MON EXAMEN...

Gémeaux

La planète Mars vous donne le plein d'énergie. Les prochains jours s'annoncent pleins de surprises agréables. Soyez optimiste.

Cancer

Vous allez peut-être rencontrer l'âme sœur très bientôt. Ne perdez pas une occasion de sortie. Vous la rencontrerez sûrement lors d'une fête.

Lion

Ne déprimez pas pour un rien. Sortez et changez-vous les idées, cela vous fera du bien.

Dans cette unité, j'apprends :

- à faire une hypothèse, à exprimer le besoin ou le désir, à faire une prévision ;
- les signes du zodiaque, les adjectifs pour exprimer le caractère, les fêtes ;
- le futur simple de quelques verbes réguliers et irréguliers, l'hypothèse, les adverbes en *-ment*.

1 Écoute et lis.

Clara Quel stress ! J'ai vraiment peur. Demain, à cette heure-là, on sera à l'épreuve de français.

Manon Oui, Clara, c'est terrible ! J'ai envie de m'enfuir.

Noah Arrêtez, les filles ! Le brevet du collège, ce n'est pas si terrible que ça !

Hugo Mais oui, dans une semaine, ça sera fini ! Et vous verrez qu'on se sentira franchement mieux. Si on réussit notre examen, on fera une grande fête !

Clara C'est quoi ton magazine ? Attends, fais voir l'horoscope ! On va tout de suite savoir ce qui nous attend demain. Tiens, écoute Manon ! « Bélier : si vous devez passer une épreuve demain, gardez votre calme, les astres vous protègent. Vous avez besoin de sang-froid pour affronter votre journée de demain. » Super !

Manon Tant mieux ! Attends, fais voir pour toi, Clara. « Balance : vous bénéficierez de la neutralité des astres. Rien ne perturbera votre ciel serein. Ne vous préoccupez pas. » Tu vois, Clara, tout se passera bien pour toi aussi ! Et les garçons ? Voyons. Tu es de quel signe, Noah ?

Noah Moi, je ne crois pas à l'horoscope.

Manon Allez, ne fais pas ton caractère de cochon ! Tu es né le 15 janvier, donc tu es Capricorne. Écoute : « Vous êtes trop nerveux et peu patient ces jours-ci. Si vous continuez ainsi, vous vous fatiguerez. Prenez la vie plus calmement. »

Hugo Eh bien, c'est vrai que tu as l'air fatigué. Si tu veux un conseil, rentre chez toi et va te coucher, tu en as besoin !

Noah Tu as raison, je vais prudemment aller me coucher. Il vaut mieux ne pas contrarier les astres avant un examen.

Clara Allez, ne t'inquiète pas ! L'horoscope, c'est du bidon ! Si on commence à croire aux horoscopes...

2 Vrai ou faux ? Coche la bonne case.

		V	F
1	Clara, Manon, Hugo et Noah ont un examen le lendemain.	☒	☐
2	Noah a peur de passer le brevet des collèges.	☐	☐
3	Hugo invite ses amis à une fête.	☐	☐
4	L'horoscope de Manon n'est pas bon.	☐	☐
5	Noah suit toujours son horoscope.	☐	☐
6	Hugo conseille à Noah de rentrer chez lui.	☐	☐

BON À SAVOIR !

une épreuve = un examen
les astres = en astrologie, terme qui désigne le soleil, la lune et les planètes
le sang-froid = calme
tant mieux = exprime la satisfaction devant un événement heureux
c'est du bidon (*fam.*) = qui n'a que les apparences de la réalité, qui est faux
un caractère de cochon = mauvais caractère

3 Que conseille l'horoscope ?

1 **Bélier**

L'horoscope conseille de rester calme et...

2 **Balance**

____

3 **Capricorne**

____

4 **Gémeaux**

____

5 **Cancer**

____

6 **Lion**

____

C'EST TON TOUR !

4 Est-ce que tu crois à l'horoscope ? Le lis-tu avant de prendre une décision importante ?

Les signes du zodiaque

1 Associe chaque personnage à son signe.

1 [L]

Albert Einstein
14 mars 1879-
18 avril 1955

2 [ ]

Napoléon Bonaparte
15 août 1769-
5 mai 1821

3 [ ]

Isaac Newton
4 janvier 1643-
31 mars 1727

4 [ ]

Marie Curie
7 novembre 1867-
4 juillet 1934

5 [ ]

Galileo Galilei
15 février 1564-
8 janvier 1642

6 [ ]

Charles de Gaulle
22 novembre 1890-
9 novembre 1970

A 
Bélier
21/03-20/04

B 
Taureau
21/04-21/05

C 
Gémeaux
22/05-21/06

D 
Cancer
22/06-22/07

E 
Lion
23/07-22/08

F 
Vierge
23/08-22/09

G 
Balance
23/09-22/10

H 
Scorpion
23/10-22/11

I 
Sagittaire
23/11-21/12

J 
Capricorne
22/12-20/01

K 
Verseau
21/01-19/02

L 
Poissons
20/02-20/03

Le caractère

2 Lis l'article, puis classe les adjectifs avec leur contraire.

LE CARACTÈRE DU LION

Le Lion est un chef. Il aime commander. Il est dynamique, courageux et parfois exubérant. Il est intelligent mais souvent têtu car il ne change que rarement d'avis. Il est parfois égoïste mais quand il veut, il sait être très généreux.

LE CARACTÈRE DU CANCER

Le Cancer déteste se fâcher et se montre donc très conciliant envers les autres. Il est incapable d'être méchant. Il est toujours optimiste, même dans les situations difficiles, ce qui fait que certains pensent qu'il est parfois bête. Loin de là, le Cancer est un sage.

LE CARACTÈRE DES POISSONS

D'un caractère facile à vivre, le Poissons est gentil et timide. Face aux difficultés de la vie, il est un peu peureux. Il demande toujours de l'aide aux autres. Parfois pessimiste, il change toutefois vite d'humeur et retrouve son sourire. On lui reproche souvent d'être paresseux. En fait il préfère la méditation à l'action.

dynamique	paresseux

3 **Imagine. Associe les adjectifs de l'exercice 2 à un signe.**

1 Lion **dynamique, courageux, exubérant...**
2 Vierge
3 Balance
4 Scorpion
5 Verseau
6 Sagittaire

4 **Choisis un(e) de tes camarades. Sans dire son nom, décris son aspect et son caractère. La classe doit deviner de qui tu parles.**

Il est grand et blond. Il est sympa, timide...

Les animaux

5 **Connais-tu ces animaux ? Écris leur nom sous chaque photo. Écoute et vérifie.**

la souris • le chien • le ~~chat~~le • le hamster • le furet • le poisson • la tortue • le lapin la perruche • le canari

1 **le chat**

2 ____________

3 ____________

4 ____________

5 ____________

6 ____________

7 ____________

8 ____________

9 ____________

10 ____________

6 **Complète la définition avec le nom de l'animal.**

1 Je suis un oiseau de compagnie aux couleurs vives. Je suis la ____________.
2 Je suis un reptile avec une carapace. Je suis la ____________.
3 Je suis d'un petit animal rongeur qui fait partie de la famille des rats. Je suis la ____________.
4 Je suis considéré comme un animal domestique mais qui aime l'eau douce. Je suis le ____________.
5 Je suis un mammifère carnivore qui aboie. Je suis le ____________.
6 Je suis un petit rongeur au pelage roux et blanc. C'est le ____________.
7 Je suis un félin de petite taille au pelage soyeux. Je suis le ____________.
8 Je suis d'un petit mammifère carnivore, au pelage blanc et aux yeux rouges. Je suis le ____________.
9 Je suis un petit mammifère herbivore à grandes oreilles. Je suis le ____________.
10 Je suis un petit oiseau chanteur jaune. Je suis le ____________.

Formuler une hypothèse

75 **1 Écoute et répète.**

- Si on réussit notre examen, on fera...
- Je présume que...
- Je suppose que...
- On peut imaginer que...

2 Comment sera la vie dans 100 ans ? Imagine et formule des hypothèses.

Je suppose que les voitures voleront.

1

les voitures volent

2

aller en vacances sur la lune

3

les robots travaillent à notre place

4

on mange des pilules

3 Imagine ce qu'il pourra faire s'il gagne au loto.

1

S'il gagne au loto, il organisera une grande fête.

2

____

____

3

____

____

4

____

____

Exprimer le besoin ou le désir

76 **4 Écoute et répète.**

A De quoi as-tu besoin ? — B J'ai besoin de...

A Qu'est-ce qu'il vous faut ? — B Il me faut...

A Ça te sert encore ? — B Non, je n'en ai plus besoin.

A De quoi as-tu envie ?
- B J'ai envie de...
- B J'aimerais...

A Qu'est-ce que vous désirez ?
- B Je désire parler au directeur.
- B J'ai hâte de...
- B Je voudrais...

5 De quoi ont-ils besoin ? De quoi ont-ils envie ?

De quoi tu as besoin ?

J'ai besoin d'un parapluie.

1

2

3

4

5

6

Faire une prévision

6 Écoute et répète.

- Il va y avoir…
- Il y aura…
- On prévoit…
- On envisage…
- On pense que…

7 **Que va-t-il se passer ? Regarde les images et fais des prévisions.**

1

Il va pleuvoir.

2

____

3

____

4

____

C'EST TON TOUR !

8 **Que feras-tu l'année prochaine ? Fais des hypothèses et exprime des désirs.**

Si je réussis mon examen, je…

L'année prochaine à cette période, je…

SONS ET LETTRES

Le *e* caduc (ou muet)

1 **Écoute et fais attention à la prononciation.**

samedi • mademoiselle • médecin
vendredi • semaine • mercredi • cheval

- En français, le **e** caduc au milieu ou à la fin d'un mot ne se prononce pas, en général, s'il est précédé d'une consonne prononcée : *samedi.*
- De la même manière, le **e** caduc des verbes en **-er** et des verbes irréguliers ne se prononce pas : *je travaillerai, tu changeras, il habitera, nous ferons, vous serez, ils s'habitueront.*
- En revanche, le **e** caduc est prononcé quand il est précédé de deux consonnes : *brevet* [brevɛ].

79 **2** **Souligne les *e* caducs, puis écoute pour vérifier.**

1 Quand je serai grand, je deviendrai médecin.
2 L'horaire des trains changera dans trois semaines.
3 Le cours de cheval se termine par un brevet d'équitation.
4 Le petit garçon est tombé de son vélo samedi dernier.
5 Dans 100 ans, on habitera sur la lune et on voyagera en fusée.
6 Ferme la fenêtre, s'il te plaît, sinon il fera froid plus tard.

Le futur simple

- Le futur simple s'emploie pour les actions qui se situent loin dans le temps.
  *Je **partirai** lundi prochain.*
- Le futur simple se forme en ajoutant à l'infinitif les terminaisons **-ai**, **-as**, **-a**, **-ons**, **-ez**, **-ont**.

parler	finir
Je parler**ai** Tu parler**as** Il/Elle parler**a** Nous parler**ons** Vous parler**ez** Ils/Elles parler**ont**	Je finir**ai** Tu finir**as** Il/Elle finir**a** Nous finir**ons** Vous finir**ez** Ils/Elles finir**ont**

Les verbes en **-re** perdent le **-e** de l'infinitif.

prendre
Je prendr**ai** Tu prendr**as** Il/Elle prendr**a** Nous prendr**ons** Vous prendr**ez** Ils/Elles prendr**ont**

- Les auxiliaires **être** et **avoir** comme de nombreux verbes en **-oir** et d'autres verbes du troisième groupe ont une racine irrégulière au futur simple.

être › ser- › je ser**ai**, tu ser**as**...
avoir › aur- › j'aur**ai**, tu aur**as**...
aller › ir- › j'ir**ai**, tu ir**as**...
envoyer › enverr- › j'enverr**ai**, tu enverr**as**...
faire › fer- › je fer**ai**, tu fer**as**...
venir › viendr- › je viendr**ai**, tu viendr**as**...
devoir › devr- › je devr**ai**, tu devr**as**...
falloir › il faudra (impersonnel)
pouvoir › pourr- › je pourr**ai**, tu pourr**as**...
savoir › saura › je saur**ai**, tu saur**as**...
voir › verr- › je verr**ai**, tu verr**as**...

➪ Voir : *Tableau des conjugaisons.*

BON À SAVOIR !

Pour une action qui a lieu dans peu de temps, on emploie le futur proche.
*Je **vais partir** dans une heure.*

1 Conjugue les verbes au futur.

1 travailler → je **travaillerai**
2 sortir → nous ______
3 vendre → ils ______
4 partir → vous ______
5 mettre → tu ______
6 écrire → elle ______

2 Associe les éléments comme dans l'exemple.

avoir • aller • ~~être~~ • envoyer • faire
devoir • pouvoir • savoir • venir • voir

viendr- • aur- • ir- • fer- • ~~ser-~~ • devr-
pourr- • verr- • saur- • enverr-

tu • il • ~~je~~ • elle • on • nous • vous • ils • elles

ons • ~~ai~~ • ont • a • ez • as

être → ser- → je → ai : je serai

3 Trouve l'infinitif, puis transforme les phrases au futur.

1 Les enfants jouent au football. → **jouer**
Les enfants joueront au football.
2 Ils mangent des pâtes. → ______
______
3 Nous rentrons des vacances. → ______
______
4 Tu écoutes de la musique. → ______
______
5 Elle finit ses devoirs. → ______
______
6 Vous aimez ce film. → ______
______

L'hypothèse

- Pour parler d'une action possible dans le futur, on emploie la construction :
  Si + verbe au **présent de l'indicatif** + verbe de la principale au **futur simple**.
  ***Si** on **réussit** notre examen, on **fera** une super fête.*
  ***Si** vous **continuez** ainsi vous **vous fatiguerez**.*
- Si au contraire l'action est réalisable au présent, on utilise la construction :
  Si + verbe au **présent de l'indicatif** + verbe de la principale au **présent de l'indicatif** ou à l'**impératif**.
  ***Si** tu **viens** me voir, je **fais** des crêpes.*
  ***Si** vous **devez** passer une épreuve demain, **gardez** votre calme.*

[!] On n'emploie j amais le futur simple dans la proposition introduite par **si**.

4 Souligne la réponse correcte.

1 Si vous (venez / viendrez) à la mer, nous (louons / louerons) une plus grande maison.
2 Si tu (préfères / préféreras), on (reste / restera) à la maison.
3 S'il ne (téléphone / téléphonera) pas au théâtre, nous n'(avons / aurons) pas de place pour le spectacle.
4 S'il (fait / fera) beau demain, nous (allons / irons) faire du vélo.
5 Si elles (ont / auront) de la chance, elles (trouvent / trouveront) une chambre d'hôtel.
6 Si tu n'(as / auras) pas cours cet après-midi, (viens / viendras) me voir.

5 Complète les phrases.

1 Si je **réussis** (réussir) mon examen, j'**irai** (aller) aux États-Unis.
2 Si elle __________ (ne pas travailler) demain, on __________ (partir) au bord de la mer.
3 Si tu __________ (vouloir) aller au cinéma, on __________ (pouvoir) y aller demain.
4 S'il __________ (avoir) une bonne note, il __________ (sortir) samedi soir.
5 S'il __________ (pleuvoir), nous __________ (rester) à la maison.
6 Si tu __________ (avoir) mal au ventre, __________ (ne pas manger) des gâteaux.

Les adverbes de manière en *-ment*

- Les adverbes de manière en **-ment** sont des mots qui apportenr une information sur l'action. Ils se forment généralement en ajoutant le suffixe **-ment** au féminin de l'adjectif.
  franc → franche → franchement
  tranquille → tranquille → tranquillement
  doux → douce → doucement

[!] *gentil → gentille → gentiment*

- Si l'adjectif masculin termine par **-i**, **-é**, **-u**, on ajoute le suffixe **-ment**.
  vrai → vraiment *absolu → absolument*
- Si l'adjectif masculin termine en **-ant**, on remplace **-ant** par le suffixe **-amment**.
  suffisant → suffisamment
- Si l'adjectif masculin termine en **-ent**, on remplace **-ent** par le suffixe **-emment**.
  prudent → prudemment

6 Complète comme dans l'exemple.

1 doux → **douce** → **doucement**
2 sportif → __________ → __________
3 terrible → __________ → __________
4 lent → __________ → __________
5 agréable → __________ → __________
6 courageux → __________ → __________
7 fréquent → __________ → __________
8 élégant → __________ → __________

7 Transforme comme dans l'exemple.

1 Noah est rapide quand il travaille.
Il travaille rapidement.
2 Théo est sportif quand il joue.
____
3 Asia est passionnée quand elle parle.
____
4 Malik est fier quand il marche.
____
5 Hugo est intelligent quand il écrit.
____
6 Le professeur est clair quand il explique.
____

Écouter

80 **1 Écoute et réponds aux questions.**

1

L'astrologie comprend des signes chinois.

A ☐ Vrai   B ☐ Faux

2

Le calendrier chinois est établi en fonction de...

A ☐ 
B ☐ 
C ☐ 

3

Parmi ces animaux, lesquels sont des signes astrologiques chinois ?

A ☐ 
B ☐ 
C ☐ 
D ☐ 
E ☐ 
F ☐ 

4

Quel animal se trouve en première place dans l'horoscope chinois ? Coche.

A ☐ 
B ☐ 

5

Comment ont été choisis les animaux ?

A ☐ Par un concours organisé par les dieux chinois.

B ☐ Pendant une fête où ils étaient tous présents.

C ☐ On a choisi tous les animaux qui vivaient en Chine.

6

Quel animal ne fait peut-être pas partie des douze signes ?

A ☐ 
B ☐ 

Parler

2 Invente l'horoscope d'un(e) camarade pour la semaine prochaine.

Lire

3 Lis le texte et réponds aux questions.

1 Le sujet du texte est *Les Français et l'horoscope*.
☐ Vrai. ☐ Faux.

2 28% des Français
a ☐ a l'habitude de lire et d'écouter leur horoscope.
b ☐ n'a pas l'habitude d'écouter leur horoscope.

3 Qui lis le plus l'horoscope ?
a ☐ Les femmes.
b ☐ Les hommes.
c ☐ Les jeunes.

4 Quelles classes sociales le consultent régulièrement ?
a ☐ Les classes aisées.
b ☐ Les classes modestes.

5 Quelle région de France aime moins l'horoscope ?
a ☐ Une région du Sud-ouest.
b ☐ Une région du Nord-ouest.

Les Français croient-ils aux horoscopes ?

Écoutez-vous l'horoscope tous les jours ? Croyez-vous à ce qu'il dit ? Est-ce que vous le consultez avant de prendre une décision importante ? Autant de questions que l'institut de sondage BVA a posées aux Français.
Le résultat ? Plus d'un Français sur quatre, soit 28% des Français, a l'habitude de lire ou d'écouter un horoscope. Il reste donc 72% des personnes interrogées qui déclarent ne pas avoir cette habitude.
Le sondage a également révélé que les femmes sont plus nombreuses à écouter l'horoscope que les hommes (36% d'entre elles), de même que les familles modestes sont les auditeurs et les lecteurs les plus fidèles. En effet, les familles dont le revenu ne dépasse pas 1 500 euros sont 37% à lire ou écouter régulièrement un horoscope, contre 16% des foyers les plus riches (3 500 euros et plus).
Par ailleurs, la distribution géographique des personnes qui consultent régulièrement leur horoscope laisse apparaître que cette habitude est plus fréquente dans le nord de la France (39% des personnes interrogées) et dans la région Rhône-Alpes (37%). Au sud, les Français boudent l'horoscope. Dans le sud-ouest, seuls 19% des personnes interrogées affirment lire régulièrement un horoscope.
Ce sondage a également révélé que près d'un quart des personnes interrogées (24%) possède un chiffre ou un numéro fétiche, le plus souvent le chiffre sept. Ce sont surtout les jeunes qui croient au chiffre porte-bonheur et 34% des lecteurs d'horoscope en ont un.

Écrire

4 Voici le caractère du signe chinois de Manon. En t'aidant de ce modèle, choisis un animal pour un nouveau signe chinois et décris son caractère.

La Chèvre

Principal atout	La Chèvre est une artiste. Elle a un caractère doux et facile à vivre.
Gros défaut	Elle est souvent superficielle et parfois capricieuse.
Ce qu'elle aime	La sécurité et le confort. Elle adore sa maison, les belles choses et l'art en général.
Ce qu'elle n'aime pas	Devoir prendre des responsabilités, se disputer avec ses amis et se retrouver seule.
En amour	La Chèvre est une compagne douce qui a besoin d'un homme qui la protège.
Son désir	Elle veut se sentir entourée et aimée.
Côté argent	Notre Chèvre ne sait pas gérer un budget. Elle dépense souvent plus qu'elle ne gagne. S'il lui arrive parfois d'être économe, c'est plus par peur de ne plus pouvoir dépenser que par calcul.

J'APPRENDS GRÂCE À L'AUTOÉVALUATION !

Autoévaluation personnelle

1 Aujourd'hui, j'ai participé activement à l'oral.
2 J'ai réalisé les activités proposées en classe.
3 J'ai eu un bon comportement.
4 J'ai trouvé les explications claires.
5 J'ai aimé le cours.
6 J'ai compris et appris de nouvelles choses.

1

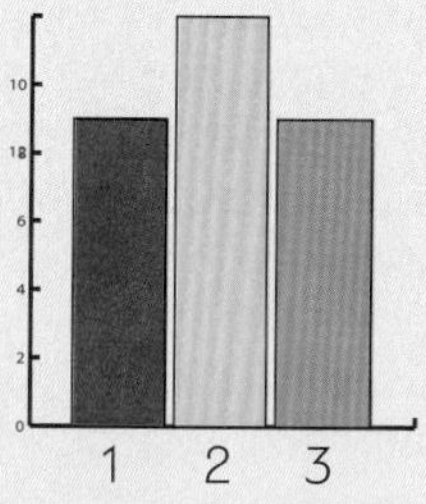

2

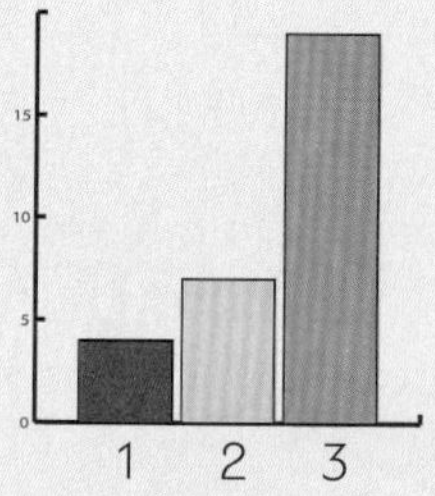

3

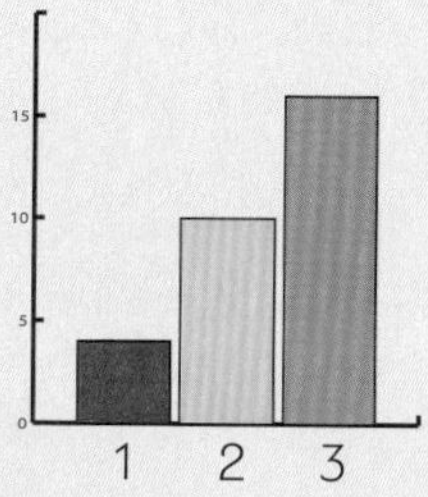

4

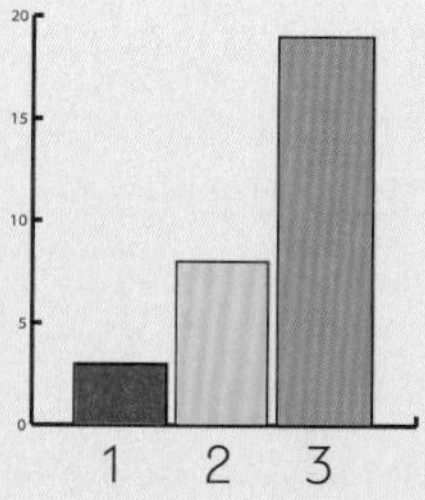

5

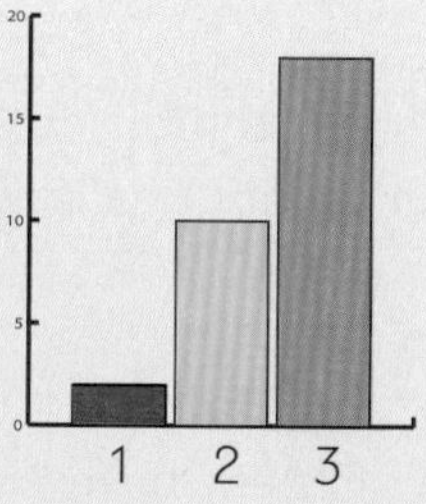

6

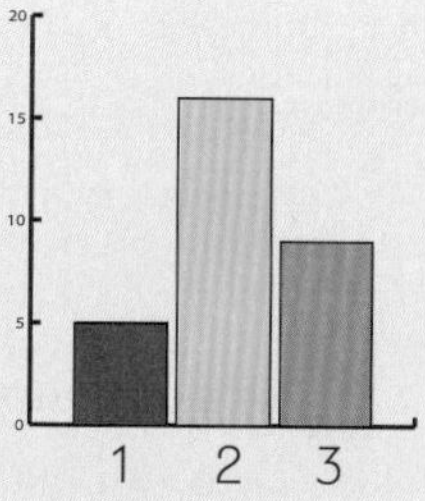

pas du tout 1 ☐ 2 ☐ 3 ☐ tout à fait

BONNE IDÉE !

Pose-toi les bonnes questions au bon moment grâce à l'autoévaluation. Apprends à mieux te connaître et deviens autonome !

À toi !

1 Autoévaluation de tes connaissances.

Prépare une grille pour évaluer tes progrès et connaissances de l'unité 8.
Voici quelques exemples :

A Je sais formuler une hypothèse.

☐ ☐ ☐

B Je suis capable d'exprimer le besoin ou le désir.

C Je sais faire des prévisions au futur simple.

☐ J'ai compris ☐ Je n'ai pas tout compris. ☐ Je n'ai pas compris.

D Je sais construire les adverbes en *-ment.*

☐ Très facilement. ☐ Facilement. ☐ Moyennement.
☐ Difficilement. ☐ Je n'y arrive pas.

2 Autoévaluation de l'unité dans son ensemble.

Après chaque unité, tu peux te poser ces questions.
Réponds-y et partage tes impressions avec ton professeur.

- Qu'est-ce que j'ai beaucoup aimé dans cette unité 8 ?
- Qu'est-ce que je n'ai pas aimé dans cette unité 8 ?
- Qu'est-ce qui a été le plus difficile ?
- Qu'est-ce que je n'ai pas compris ?
- Les mots nouveaux que j'ai appris sont...

BON À SAVOIR !

Il y a plusieurs types d'autoévaluations :

- Pour que les élèves évaluent leur propre travail, réfléchissent sur leurs apprentissages, leurs progrès et les aspects à améliorer.
- Pour que les élèves s'expriment sur le cours, pour que le professeur améliore ses pratiques et pour mieux répondre aux besoins des élèves.

RITUEL

Je réfléchis à ce que j'apprends et comment j'apprends et je reconnais mes difficultés.
J'apprends à me poser les bonnes questions.

Quelles questions ?

- Sur mes réussites et mes difficultés.
- Sur ma démarche et ma méthodologie.
- Sur mon comportement et mon attitude en classe et à la maison.
- Sur ce que j'aime le plus et le moins, sur ce que je trouve facile et difficile, etc.

Quand ?

- Pendant et après chaque activité ou évaluation, en classe, à la maison.

LES INSTITUTIONS FRANÇAISES

Marco Aude, j'ai besoin de toi !

Aude Ah, oui ? Et en quoi je peux t'aider ?

Marco Voilà, ma prof de français nous a demandé de faire un exposé sur les institutions françaises... et je n'ai aucune idée de comment la France est organisée. Tu m'aides ? Comme ça, j'évite de copier d'Internet...

Palais de l'Élysée

Aude Toi, t'as vraiment de la chance. Je viens de faire ce sujet en histoire-géo. À ton service !!!

Marco Premier point : la Constitution française.

Aude Alors, la Constitution française date du début de la Ve République (1958), mais elle a subi des modifications au cours des années. Elle contient 16 articles qui définissent le rôle du président de la République, du gouvernement, du parlement et de toutes les institutions françaises. Notre président est élu pour 5 ans au suffrage universel direct, c'est-à-dire directement par les Français. Le président nomme le Premier ministre et les différents ministres. L'ensemble des ministres en France s'appelle le gouvernement. Le chef du gouvernement est le Premier ministre.

Hôtel Matignon

Marco Parfait ! T'écris super bien. Que peux-tu me dire des différents pouvoirs ?

Aude Les pouvoirs publics ?

Marco Oui, c'est ça, je crois.

Aude Alors... en France, le pouvoir législatif, c'est-à-dire le pouvoir de voter les lois, appartient au parlement qui se compose de l'Assemblée nationale et du Sénat. Les députés travaillent à l'Assemblée nationale et les sénateurs au Sénat. Les lois françaises sont d'abord votées par l'Assemblée nationale et ensuite par le Sénat.

Assemblée nationale

Marco Et le pouvoir de faire respecter les lois ?... Je ne sais pas comment on dit en français.

Aude Le pouvoir exécutif. Ce pouvoir fait respecter l'ordre et la loi grâce à la police mais conduit aussi la politique nationale. En France, ce pouvoir est exercé par le président de la République et son gouvernement.

Marco Wouah ! T'es vraiment forte.

Aude Attends, j'ai pas fini. Il reste le pouvoir judiciaire. C'est le pouvoir qui contrôle si les lois sont respectées. Ce pouvoir est confié aux juges et aux magistrats qui se basent sur les lois écrites par le pouvoir législatif. Tout est clair ?

Sénat

Marco T'es vraiment une super copine ! Je t'adore.

❶ Vrai ou faux ?

		V	F
1	La Constitution française est née en 1958.	☐	☐
2	Elle n'a jamais été modifiée.	☐	☐
3	Le président de la République rédige et adopte les lois.	☐	☐
4	Le Parlement est formé par le Sénat.	☐	☐
5	L'Assemblée nationale est composée de députés.	☐	☐
6	Le Sénat vote les lois avant l'Assemblée nationale.	☐	☐
7	Le pouvoir exécutif fait respecter les lois.	☐	☐
8	Le pouvoir judiciaire juge du respect des lois.	☐	☐

À TOI !

❷ Voici l'article 2 de la Constitution française. Imagine et rédige un article semblable pour ton pays.

La langue de la République est le français. L'emblème national est le drapeau tricolore, bleu, blanc, rouge. L'hymne national est *La Marseillaise*.
La devise de la République est Liberté, Égalité, Fraternité.
Son principe est : gouvernement du peuple, par le peuple et pour le peuple.

❸ Fais une recherche sur les institutions de ton pays et complète le tableau. Ensuite, réalise un poster avec des photos pour ta classe. Au besoin, demande de l'aide à ton professeur.

		En France	Dans ton pays
1	De quand date la Constitution actuelle ?		
2	Combien d'articles contient la Constitution ?		
3	Par qui est élu le président de la République ?		
4	Pour combien de temps est-il élu ?		
5	Qui est le chef du gouvernement ?		
6	Qui exerce le pouvoir législatif ?		
7	Qui exerce le pouvoir exécutif ?		
8	Qui exerce le pouvoir judiciaire ?		

5-8 JE FAIS LE POINT 2

1 Retrouve les mots qui correspondent à ces anagrammes.

1 CUDOTAIMENRE → ____________
2 PORTAREGE → ____________
3 LEFEUILTON → ____________
4 TIARCLE → ____________
5 LANBACE → ____________
6 CENCAR → ____________
7 RESATAIGIT → ____________
8 SONSPOIS → ____________
9 TIOPSTEMI → ____________
10 GEUXRACOU → ____________

Points ____	10

2 Transforme les phrases en utilisant un pronom possessif.

1 Je mange ma pomme et ta pomme.
____
2 Nous regardons nos BD et vos BD.
____
3 Elle apporte son cahier et leurs cahiers.
____
4 Marc écoute son CD et nos CD.
____
5 Elle parle avec vos parents et tes parents.
____
6 J'ai pris ton sac à dos et son sac à dos.
____

Points ____	6

3 Fais des comparaisons à l'aide des indications entre parenthèses.

1 Nous / être / grands / vous (+)
____
2 Ma copine / manger / fruits / bonbons (+)
____
3 Les élèves de ma classe / être / bavards / élèves de ta classe (-)
____
4 Je / avoir / livres / cahiers (=)
____
5 Mon frère / être / bon / moi / en français (+)
____
6 Le portable de Nabil / être / bien / le portable de Sarah (=)
____

Points ____	6

4 Trouve l'adverbe.

1 gentil → ____________
2 doux → ____________
3 vrai → ____________
4 heureux → ____________
5 vif → ____________
6 rapide → ____________
7 lent → ____________
8 seule → ____________

Points ____	8

5 Regarde les symboles entre parenthèses, puis complète les phrases.

1 Il étudie (+) ____________ toi.
2 Le dimanche, nous travaillons (-) ____________ vous.
3 Sarah parle (=) ____________ Marie.
4 Mon père voyage (+) ____________ le tien.
5 Loïc mange (=) ____________ Kevin.
6 Il lit (=) ____________ vous.

Points ____	6

6 Ajoute un partitif quand cela est nécessaire.

1 Je regarde avec ______________ attention cette BD.
2 Nous mangeons les fruits sans ______________ couteau.
3 Ils ne boivent ni ______________ café ni ______________ thé.
4 Vous ne prenez que ______________ pain.
5 Il mange sans ______________ sel.
6 Je n'achète que ______________ robes rouges.
7 Je mange avec ______________ appétit.
8 Je ne prends ni ______________ crêpes ni ______________ tartes.

Points ____ | 8

7 Conjugue les verbes entre parenthèses au présent.

1 Le magasin (ouvrir) ______________ à 9h30.
2 Les chanteurs (fuir) ______________ le froid.
3 Elles (ouvrir) ______________ leurs livres.
4 Nous (fuir) ______________ le bruit.
5 Ils (s'enfuir) ______________ par la porte.
6 Tu (ouvrir) ______________ le sac.

Points ____ | 6

Après avoir fait les exercices, calcule tes points. Vérifie avec ton professeur.

Total points ____ / 50

POUR ALLER PLUS LOIN... À L'ORAL

31

8 Écoute et choisis les bons signes.

A ☐

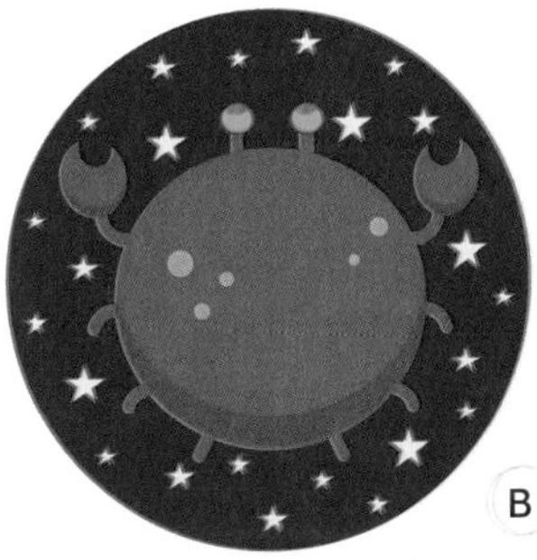

B ☐

C ☐

Unité 1, exercice 8, page 19

Tu joues le rôle du médecin. Une patiente t'appelle au téléphone.

B
- Tu salues la dame et tu demandes qui est malade.
- Tu demandes ce qu'elle a.
- Tu lui donnes des conseils.
- Tu dis qu'il faut faire des piqûres et prendre des comprimés.
- Tu dis que tu vas lui préparer l'ordonnance.
- Tu la salues.

Unité 4, exercice 10, page 51

Par trois, imaginez et jouez le dialogue.

Le garçon salue le vendeur et demande à voir le dernier modèle des portables TECHNO.
Le vendeur dit d'attendre et dit qu'il va voir en vitrine.
La fille montre à son copain un MP3 et lui dit qu'il est super et qu'elle va l'acheter bientôt.
Le vendeur dit qu'il est désolé et qu'il n'a plus ce modèle. Il propose de voir un portable identique. Il dit que ce portable est moins cher.
Le garçon accepte et demande comment est le portable.
Le vendeur montre le portable aux adolescents.
Le garçon demande comment il marche.
Le vendeur explique les fonctions des différentes touches.
La fille dit que ce portable est trop compliqué. Elle lui conseille d'acheter un portable moins compliqué.

Unité 6, exercice 8, page 77

Par deux, imaginez et jouez le dialogue.

La fille...
Le garçon demande ce que c'est.
La fille...
Le garçon dit qu'il n'aime pas les séries parce que c'est idiot et que c'est pour les filles.
La fille...
Le garçon demande ce qu'elle pense de la nouvelle saison de *Hawaii 5-0*.
La fille...
Le garçon dit que c'est vrai et que les acteurs jouent bien.
La fille ...
Le garçon dit qu'il accepte.

Unité 7, exercice 7, page 89

Un garçon a assisté à un vol dans un grand magasin. Il va au commissariat pour faire une déposition.

Le commissaire salue le garçon et demande pourquoi il veut le voir.
Le garçon...
Le commissaire lui demande de s'asseoir et lui dit de raconter ce qu'il a vu.
Le garçon...
Le commissaire demande pourquoi ce type était bizarre.
Le garçon...
Le commissaire demande pourquoi il pense que cet homme a volé ce qui était dans son blouson.
Le garçon...
Le commissaire demande de décrire l'homme qu'il a vu.
Le garçon...
Le commissaire remercie le garçon pour sa déposition et l'accompagne à la porte du bureau où il le salue.
Le garçon...

PAGES INTERACTIVES

Les pronoms relatifs

À deux. Partagez-vous les phrases ci-dessous et complétez-les avec les pronoms relatifs. Ensuite, lisez-les à votre copain qui devra deviner de quoi il s'agit. Essayez ensuite d'inventer d'autres devinettes avec des pronoms relatifs en allant à la page suivante.

1. C'est quelque chose ______ on mange, ______ peut être sucrée ou salée et ______ est typique de Bretagne.

2. C'est un animal noir et féroce ______ habite en Asie et ______ on peut voir dans le film *Le livre de la Jungle*.

3. C'est une fleur blanche ______ on trouve dans les bois et ______ porte bonheur.

4. C'est quelque chose ______ on trouve dans un immeuble et ______ monte et ______ descend.

5. Elle se trouve dans le ciel ______ on la voit le soir. Elle a parfois la forme d'un croissant.

6. Sur la Terre, il y en a plusieurs : elles sont salées. Il y en a une noire, une rouge et une morte ______ est la plus salée du globe et ______ on flotte sans jamais couler.

7. C'est un des deux points ______ se trouvent à l'extrémité de la Terre, ______ habitent les ours blancs et les phoques, ______ lors des solstices il fait jour ou nuit pendant vingt-quatre heures et ______ on peut visiter seulement en utilisant des skis.

8. C'est quelque chose ______ on trouve à la montagne, ______ a un toit et ______ l'on appelle de la même manière en Italie.

9. C'est quelque chose ______ l'on doit fermer dans la maison pour ne pas faire entrer le soleil mais ______ on trouve aussi dans les théâtres ______ on les baisse.

10. C'est quelque chose ______ on achète pour aller au cinéma mais ______ on peut retirer aussi à la banque.

PAGES INTERACTIVES

À toi de continuer en utilisant des pronoms relatifs.

C'est une fleur ______________________________

C'est quelque chose ______________________________

C'est un objet ______________________________

C'est une personne ______________________________

C'est un instrument de musique ______________________________

C'est un animal ______________________________

C'est un arbre ______________________________

C'est un mammifère ______________________________

C'est un reptile ______________________________

C'est un poisson ______________________________

37 ③ **Écoute, complète et chante.**

J'ai des amis sur toute la planète
J'ai des amis
Sur **toute** la planète
De ______________________ les races
De ______________________ les couleurs.
Ils habitent ______________________
Des pays différents
Mais ils parlent la même langue,
La langue du cœur.
Ils sont ______________________ égaux,
Les enfants de la Terre
Ils aiment les mêmes choses
La paix, l'amitié,
Ils aiment la nature
Et détestent la guerre
Ils désirent un monde propre
Pour y habiter.

38 ④ **Écoute, complète et chante.**

Zodiaque
Bélier, ______________
Attendez-vous des cadeaux...
______________ , ______________
Vous avez la tête en l'air !
______________ , ______________ et
____
Partez tout de suite en vacances !
______________ , ______________
Marchez tous les deux à l'arrière !
______________ , ______________ ,
____
Bonne chance à l'horizon !

⑤ **Après avoir chanté la chanson de l'exercice 4, change l'ordre des signes du zodiaque et imagine une autre chanson.**

Balance, Lion
Jouez du violon.
...

TOUS EN SCÈNE !

Cette petite comédie musicale vous permet de réviser ce que vous avez appris cette année… tout en jouant. On y va ?

On avait dit…

« On se retrouve dans dix ans ! »

La scène se passe devant un collège du quartier « Les Halles », à Paris. C'est la fin de l'été. Les personnages entrent en scène.

82

On avait dit… on se retrouve dans dix ans
Même date, même lieux, même mélodie
Pour voir comme on sera à vingt ans
Sur les halls du marché de Paris
Le jour est là et moi aussi
Je ne veux pas arriver le dernier
On doit avoir plein de choses à se dire
Alors je cours dans le quartier
Je m'amuse de voir que l'aube du printemps
Est toujours la même après dix ans
Trottoirs usés par les passants pressés
Qu'est-ce que j'ai fait de ces années ?
Je suis pas resté chanteur dans le métro
J'ai progressé, monté mon niveau
Je tourne à l'angle, nous y voilà
Combien seront là ? 4, 3, 2, 1, 0

83

Loïc Combien seront là ? 4, 3, 2, 1 ou personne ? Est-ce que je vais les reconnaître ? Est-ce qu'ils ont changé ? Mais qui c'est celle-là ? On dirait Nathalie. Mais oui, c'est bien elle ! Elle n'a pas changé ! Mêmes cheveux blonds, même façon de marcher… C'est bien elle !

Nathalie Loïc, c'est bien toi ? Alors tu es venu ? Je ne pensais pas que tu viendrais ! Toi qui refusais toutes les invitations !

Nathalie et Loïc vont s'asseoir sur les marches, mais d'autres copains arrivent.

Cédric Eh, attendez-moi ! Ça n'a pas changé ! Comme d'habitude, les meilleurs de la classe toujours ensemble !

Kasia *qui arrive :* Tu as raison, eux, ils étaient les meilleurs et nous…

Cédric Et nous, on était les cancres. Salut, Kasia ! Salut, Loïc ! Salut, Nathalie !

Nathalie, Kasia et Loïc en cœur Salut, Cédric !

Cédric Moi, j'étais le dernier en orthographe, c'est vrai, mais il n'y en avait pas deux comme moi pour amuser la compagnie. J'étais vraiment intenable !

Kasia Ça c'est bien vrai, Cédric. Tu te souviens des dix règles pour être un bon cancre ? Comment c'était déjà ?

Cédric Les dix règles pour être un bon cancre ? Et comment que je m'en souviens !

Premièrement, bien choisir sa place, au fond de la classe évidemment.
Deuxièmement, prendre au moins une heure de colle toutes les semaines.
Troisièmement, signer soi-même les mots sur le carnet de liaison.
Quatrièmement, ne pas oublier de faire rire les copains pendant que le prof écrit au tableau.
Cinquièmement, copier sur le meilleur de la classe pendant les interros.
Sixièmement, voler la craie avant que le prof arrive.
Septièmement, faire semblant d'être malade le jour d'une interro.
Huitièmement, ne jamais faire ses devoirs.
Neuvièmement, mastiquer du chewing-gum en classe.
Dixièmement, faire juste le minimum à la fin de l'année pour ne pas redoubler.

Kasia Wouah, quelle mémoire ! Tu n'es plus si cancre que ça, alors ! *(ton moqueur)*

Loïc Arrête de le taquiner, Kasia ! Tu n'as pas changé toi, alors !

Nathalie Et puis, être cancre, c'est pas si grave que ça ! Vous ne vous souvenez pas de la poésie de Prévert ?

Il dit non avec la tête
Mais il dit oui avec le cœur
Il dit oui à ce qu'il aime
Il dit non au professeur…

Kasia Vous avez raison. L'important, c'est qu'on soit tous là, les quatre plus fantastiques de notre classe !

Cédric Regardez le gymnase ! Ça t'rappelle pas de mauvais souvenirs, Loïc ?

Loïc Si que ça m'en rappelle ! Je collectionnais les mauvaises notes en EPS ! Et dire que maintenant je vais dans une salle de gym trois fois par semaine ! Moi qui n'aimais pas le sport, je suis même devenu entraîneur de volley-ball !

Kasia Et moi, avec madame Goube... on ne peut pas dire que c'était le grand amour !

Nathalie Madame Goube, la prof d'italien, oui, je me souviens très bien d'elle. Oh, elle n'était pas si méchante que ça !

Cédric Vous vous souvenez du voyage à Venise ? On avait acheté des masques. Je crois que ma mère l'a encore, celui que je lui avais rapporté. Et puis, Venise, les gondoles, les Italiens... *(ton moqueur)*

Kasia Arrête ton char, Cédric !

Loïc Allez, arrêtez de vous chamailler vous deux ! Et si on parlait de nous maintenant ?

Cédric Ok, Loïc ! Tu as toujours l'intention de devenir pilote d'avion ?

Loïc Non, je fais des études de compta à l'université.

Kasia Toi, comptable !?! Mais tu avais les poches trouées, j'me souviens bien. Tu dépensais tout ton argent de poche le dimanche et le lundi, tu n'avais plus un sou !

Loïc Ben oui, j'ai changé. Et toi, Kasia, tu es devenue danseuse ?

Kasia Moi, danseuse ? Non, je fais des études pour devenir véto.

Cédric Vétérinaire ? Mais t'avais pas peur des chats, toi ?

Kasia Si, mais plus maintenant ! Tout a changé au lycée. Un jour, j'ai trouvé un petit chat abandonné et de là est née ma vocation. *(ton grandiloquent)*

Nathalie Oui, il y a parfois des rencontres qui vous changent la vie. *(ton moqueur)* Mais alors personne n'est devenu ce qu'il voulait devenir ?

Cédric Moi, si !

Tous en cœur Quand je serai grand, je voudrais être pompier !!!

Cédric Oui, pompier, c'est ce que je suis.

Nathalie Et moi...

Tous en cœur Chanteuse !!!!

Nathalie Heu... Je chante encore, c'est vrai, mais en italien.

Kasia En italien ?

Nathalie Je fais des études pour devenir prof d'italien.

Kasia Qu'est-ce que vous en dites de continuer cette conversation devant une bonne crêpe ?

Cédric Ok pour la crêpe, mais avant on promet de se revoir ici...

Tous en cœur Dans 10 ans !!!

82 *Ils chantent encore.*

EN ACTION 1

BON À SAVOIR !

Le concours Lépine est un concours français d'inventions crée en 1901 par Louis Lépine.
Il a permis l'invention de plusieurs objets célèbres comme le stylo à bille ou le fer à repasser à vapeur.

PARTICIPE AU CONCOURS LÉPINE DE TON ÉCOLE ET INVENTE UN OBJET ORIGINAL !

Chaque participant(e) devra :

① **Se présenter** brièvement.

② Dire **comment** et **pourquoi** il/elle a eu l'idée de cet objet.

③ **Présenter** et **décrire** l'objet : qu'est-ce que c'est ? À quoi ça sert ? De quoi il se compose ?

④ Utiliser les pronoms relatifs et les pronoms personnels compléments dans sa présentation. Par exemple : *C'est un objet qui sert à... On peut l'utiliser pour... On peut le ranger dans...*

CE PROJET PEUT :

- être réalisé par groupe.
- être exposé dans ton collège.
- être présenté aux parents ou sur le site Internet de ton collège.

EN ACTION 2

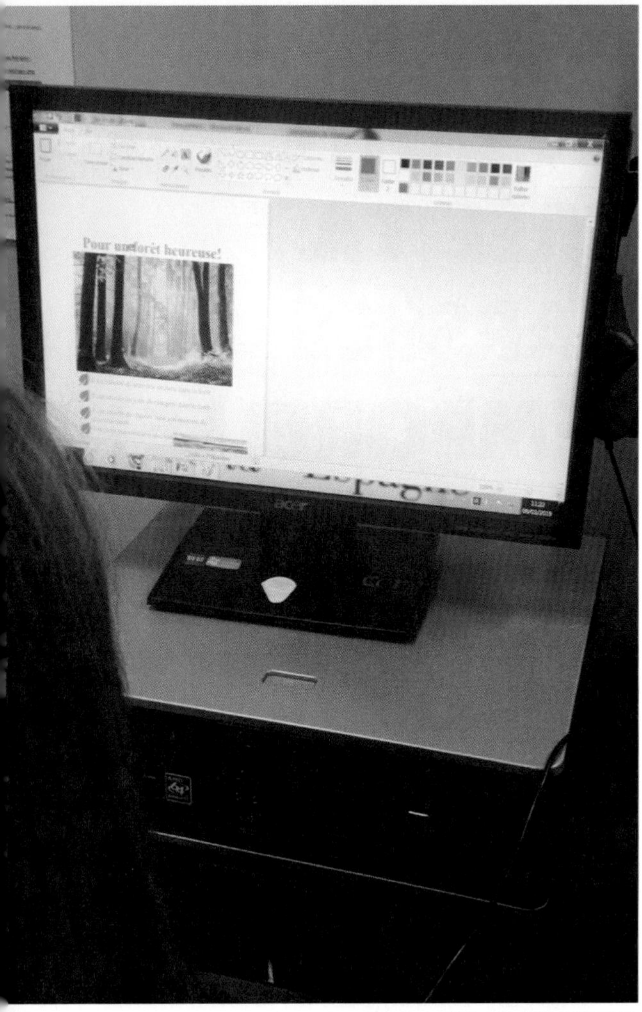

SENSIBILISE LA JEUNESSE SUR L'ENVIRONNEMENT !

Tu vas créer un poster pour **sensibiliser les jeunes** sur les phénomènes néfastes à notre planète (pollution, déforestation, réchauffement climatique...) ou sur le tri des déchets.

① Choisis **un thème sur l'écologie** qui t'intéresse particulièrement.

② Trouve **des idées pour préserver l'environnement** et écris-les par écrit sous forme d'instructions.

③ **Crée ton poster** sur un ordinateur et ajoutes-y un titre et des illustrations.

④ **Présente ton projet** à la classe.

Les 10 commandements pour protéger la nature

Ne pas couper une grande quantité d'arbres.

Ne pas fumer dans la forêt pour éviter les incendies.

Ne pas jeter de déchets dans la nature.

Faire le tri des déchets pour favoriser le recyclage.

Utiliser les transports en commun pour réduire la pollution.

Éteindre la lumière quand on sort d'une pièce.

Limiter la chasse.

Ne pas utiliser de pesticides ou de produits chimiques dans l'agriculture.

Consommer des produits bio.

Fermer le robinet quand on se lave les dents.

CE PROJET PEUT :

- être affiché dans ta salle de classe.
- être publié sur le blog ou le site Internet de ton collège.

EN ACTION 3

MON FUTUR EN BOÎTE. CRÉE TA CAPSULE TEMPORELLE !

Tu vas pouvoir communiquer avec ta version du futur et lui transmettre un message.

Qu'est-ce qu'une capsule temporelle ?

C'est une **boîte à souvenir** dans laquelle tu décides de sauvegarder des souvenirs personnels, des **objets du présent**, des photos, et principalement une **lettre à toi-même** dans laquelle tu expliques ce que tu attends du **futur**. En résumé, c'est un journal intime servant à te mettre en relation avec **ton futur toi** ! Tu pourras l'ouvrir dans 5 ans, 10 ans, 30 ans, ou **la durée de ton choix** !

Comment procéder

① **Choisis** les idées du futur que tu veux transmettre et fais un plan.
Exemple : *Mes études, mon métier, ma famille, mes amis, mes goûts, mes promesses*, etc.

② **Rédige** dans une lettre le futur que tu imagines pour toi-même.

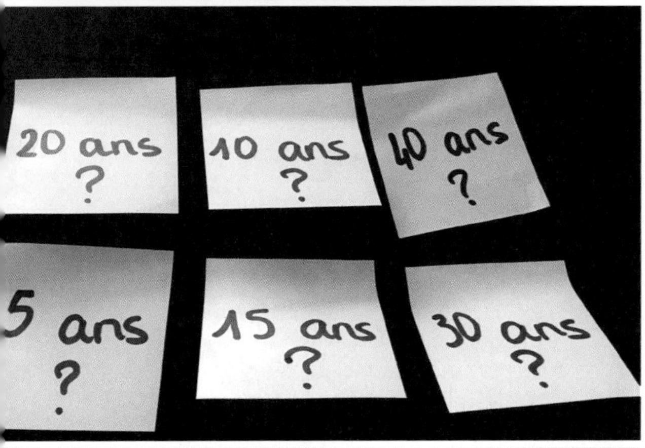

(3) **Mets** tes prévisions dans une boîte assez solide pour résister au temps.

(4) **Choisis** une durée. Quand ouvriras-tu ta boîte ?
Exemple : *Dans 5 ans ? Dans 10 ans ? Dans 30 ans ?*

(5) **Trouve** un endroit idéal pour y laisser ta boîte et marque-le sur une carte pour ne pas l'oublier.
Exemple : *Au fond de ton jardin, dans la forêt*, etc.
Tu peux aussi **prendre une photo** du lieu et écrire les coordonnées GPS.

(6) **Enterre** ta capsule temporelle.

(6) **Attends** patiemment !

CE PROJET PEUT :

- être réalisé par groupe.
- être filmé et publié sur le blog de ta classe ou sur le site Internet de ton collège.

LEXIQUE ACTIF

Tu as appris de nouveaux mots ? Complète ton lexique pour t'aider à les mémoriser et les avoir toujours à portée de main !

adj.	=	adjectif
adv.	=	adverbe
f.	=	nom féminin
inter.	=	interjection
loc.	=	locution
m.	=	nom masculin
pl.	=	pluriel
prép.	=	préposition
sing.	=	singulier
v.	=	verbe

Unité 0

affaire / *f.* / afɛʀ / ________________
bahut / *m.* / bay / ________________
boule / *f.* / bul / ________________
bruit / *m.* / bʀɥi / ________________
car / *m.* / kaʀ / ________________
choix / *m.* / ʃwa / ________________
clocher / *m.* / klɔʃe / ________________
coup / *m.* / ku / ________________
école maternelle / *f.* / ekɔl matɛʀnɛl / ________________
expédier / *v.* / ɛkspedje / ________________
figure / *f.* / figyʀ / ________________
glisser / *v.* / glise / ________________
peur / *f.* / pœʀ / ________________
repère / *m.* / ʀəpɛʀ / ________________
sourd / *adj.* / suʀ / ________________

Unité 1

angine / *f.* / ɑ̃ʒin / ________________
avoir de la fièvre / *v.* / avwaʀ d la fjɛvʀə / ________________
avoir la grippe / *v.* / avwaʀ la gʀip / ________________
avoir une bronchite / *v.* / avwaʀ yn la bʀɔ̃ʃit / ________________
avoir mal à la gorge / *v.* / avwaʀ mal a la gɔʀʒə / ________________
avoir mal à la tête / *v.* / avwaʀ mal a la tɛt / ________________
avoir mal au genou / *v.* / avwaʀ mal o ʒənu / ________________
avoir mal au cœur / *v.* / avwaʀ mal o kœʀ / ________________
avoir mal au ventre / *v.* / avwaʀ mal o vɑ̃tʀə / ________________
avoir une bonne mine / *v.* / avwaʀ yn bɔn min / ________________
avoir une mauvaise mine / *v.* / avwaʀ yn mɔvɛz min / ________________
bouche / *f.* / buʃ / ________________
bras / *m.* / bʀa / ________________
calme / *m.* / kalmə / ________________
carré / *adj.* / kaʀe / ________________
comprimé / *m.* / kɔ̃pʀime / ________________
décollées / *adj. pl.* / dekɔle / ________________
dent / *f.* / dɑ̃ / ________________
doigt / *m.* / dwa / ________________
drôle / *adj.* / dʀol / ________________
énervé / *adj.* / enɛʀve / ________________
fièvre / *f.* / fjɛvʀə / ________________
fin / *f.* / fɛ̃ / ________________
frisson / *m.* / fʀisɔ̃ / ________________
front / *m.* / fʀɔ̃ / ________________
grippe / *f.* / gʀip / ________________
large / *adj.* / laʀʒə / ________________
lèvres / *f. pl.* / lɛvʀə / ________________
méfiante / *adj.* / mefjɑ̃t / ________________
mélancolique / *adj.* / melɑ̃kɔli / ________________
menton / *m.* / mɑ̃tɔ̃ / ________________
mince / *adj.* / mɛ̃s / ________________
nez / *m.* / ne / ________________
optimiste / *adj.* / ɔptimistə / ________________
ordonnance / *f.* / ɔʀdɔnɑ̃s / ________________
oreille / *f.* / ɔʀɛj / ________________
otite / *f.* / ɔtit / ________________
pied / *m.* / pje / ________________
piqûre / *f.* / pikyʀ / ________________
poitrine / *f.* / pwatʀin / ________________
rhume / *m.* / ʀym / ________________
rond / *adj.* / ʀɔ̃ / ________________
taille / *f.* / taj / ________________
tête / *f.* / tɛt / ________________
traitement / *m.* / tʀɛtmɑ̃ / ________________
visage / *m.* / vizaʒ / ________________
yeux / *m.* / jœ / ________________

LEXIQUE ACTIF

Unité 2

accessoire / *m.* / aksεswaʀ / ______________
argent de poche / *m.* / arʒɑ̃ d pɔʃ / ______________
bague / *f.* / bag / ______________
bottines / *f.* / bɔtin / ______________
boucles d'oreilles / *f.* / bukl d ɔʀεj / ______________
bracelet / *m.* / bʀaslε / ______________
braderie / *f.* / bʀadʀi / ______________
ceinture / *f.* / sε̃tyʀ / ______________
collant / *m.* / kɔlɑ̃ / ______________
collier / *m.* / kɔlje / ______________
combinaison de ski / *f.* / kɔ̃binεzɔ̃ d ski /
____
coton / *m.* / kɔtɔ̃ / ______________
cuir / *m.* / kɥiʀ / ______________
flanelle / *f.* / flanεl / ______________
fringues / *f.* / fʀε̃g / ______________
laine / *f.* / lεn / ______________
lunettes de soleil / *f.* / lynεt / ______________
mocassin / *m.* / mɔkasε̃ / ______________
montre / *f.* / mɔ̃tʀ / ______________
moufles / *f.* / mufl / ______________
pantacourt / *m.* / pɑ̃takuʀ / ______________
pantalon / *m.* / pɑ̃talɔ̃ / ______________
pointure / *f.* / pwε̃tyʀ / ______________
polo / *m.* / pɔlo / ______________
porte-monnaie / pɔʀtmɔnε / ______________
promotion / *f.* / pʀɔmɔsjɔ̃ / ______________
pyjama / *m.* / pyjama / ______________
sac à main / *m.* / sak a mε̃ / ______________
survêtement / *m.* / syʀvεtmɑ̃ / ______________
taille / *f.* / taj / ______________
tunique / *f.* / tynik / ______________
veste / *f.* / vεst / ______________

Unité 3

baleine / *f.* / balεn / ______________
classe découverte / *f.* / klas dekuvεʀt /
____
colère (en) / *f.* / kɔlεʀ / ______________
content / *adj.* / kɔ̃tɑ̃ / ______________
dauphin / *m.* / dofε̃ / ______________
décevant / *adj.* / dεsvɑ̃/ ______________
déchet / *m.* / deʃε / ______________
dommage / *m.* / dɔmaʒ / ______________
environnement / *m.* / ɑ̃viʀɔnmɑ̃ / ______________
filet de pêche / *m.* / filε də pεʃ / ______________
inquiet / *adj.* / ε̃kjε / ______________
jeter / *v.* / ʒəte / ______________
méduse / *f.* / medyz / ______________
mouette / *f.* / mwεt / ______________
nettoyer / *v.* / netwaje / ______________
organique / *adj.* / ɔʀganik / ______________
papier / *m.* / papje / ______________
pétition / *f.* / petisjɔ̃ / ______________
phoque / *m.* / fɔk / ______________
plastique / *f.* / plastik / ______________
polluer / *v.* / pɔlɥe / ______________
poubelle / *f.* / pubεl / ______________
ramasser / *v.* / ʀamase / ______________
recycler / *v.* / ʀəsikle / ______________
sac / *m.* / sak / ______________
signature / *f.* / siɲatyʀ / ______________
solution / *f.* / sɔlysiɔ̃ / ______________
surprendre / *v.* / syʀpʀɑ̃dʀ / ______________
tortue / *f.* / tɔʀty / ______________
tranquille / *adj.* / tʀɑ̃ki / ______________
trier / *v.* / tʀije / ______________
triste / *adj.* / tʀist / ______________

LEXIQUE ACTIF

Unité 4

afficher / *v.* / afiʃe / ______________

appareil photo numérique / *m.* / apaʀɛj fɔtɔ nymeʀik / ______________

appel / *m.* / apɛl / ______________

bois / *m.* / bwa / ______________

carton / *m.* / kaʀtɔ̃ / ______________

casque / *m.* / kask / ______________

céramique / *f.* / seʀamik / ______________

cercle / *m.* / sɛʀkl / ______________

clavier / *m.* / klavje / ______________

code / *m.* / kɔd / ______________

contact / *m.* / kɔ̃takt / ______________

écouteurs / *m.* / ekutœʀ / ______________

écran / *m.* / ekʀɑ̃ / ______________

épais / *adj.* / epɛ / ______________

équerre / *f* / ekɛʀ / ______________

fin / *adj.* / fɛ̃ / ______________

fragile / *adj.* / fʀaʒil / ______________

gros / *adj.* / gʀo / ______________

invasion / *m.* / ɛ̃vazjɔ̃ / ______________

large / *adj.* / laʀʒ / ______________

lecteur DVD / *m.* / lɛktœʀ dvd / ______________

léger / *adj.* / leʒe / ______________

lourd / *adj.* / luʀ / ______________

métal / *m.* / metal / ______________

outil / *m.* / uti / ______________

ovale / *adj.* / ɔval / ______________

papier / *m.* / papje / ______________

pile / *f.* / pil / ______________

portable / *m.* / pɔʀtabl / ______________

pratique / *adj.* / pʀatik / ______________

radio / *f.* / ʀadjo / ______________

rectangle / *m.* / ʀɛktɑ̃gl / ______________

rectangulaire / *adj.* / ʀɛktɑ̃gylɛʀ / ______________

résistance / *f.* / ʀezistɑ̃s / ______________

résistant / *adj.* / ʀezistɑ̃ / ______________

rond / *adj.* / ʀɔ̃ / ______________

solide / *adj.* / sɔlid / ______________

tablette / *f.* / tablɛt / ______________

technologique / *adj.* / tɛknɔlɔʒik / ______________

télé / *f.* / tele / ______________

téléphone fixe / *m.* / telefɔnfiks / ______________

texto / *m.* / tɛkstɔ / ______________

tissu / *m.* / tisy / ______________

touche / *f.* / tuʃ / ______________

triangle / *m.* / tʀijɑ̃gl / ______________

triangulaire / *adj.* / tʀijɑ̃gylɛʀ / ______________

verre / *m.* / vɛʀ / ______________

Unité 5

assiette creuse / *f.* / asjɛt kʀøz / ______________

assiette plate / *f.* / asjɛt plat / ______________

calorie / *f.* / kalɔʀi / ______________

casse-croûte / *m.* / kaskʀut / ______________

casser / *v.* / kase / ______________

choix / *f.* / ʃwa / ______________

couper / *v.* / kupe / ______________

couteau / *m.* / kuto/ ______________

cuillère / *f.* / kɥijɛʀ / ______________

déjeuner / *m.* / deʒœne / ______________

demi-litre / *m.* / dmilitʀ / ______________

dessert / *m.* / desɛʀ / ______________

dîner / *m.* / dine / ______________

enfourner / *v.* / ɑ̃fuʀne / ______________

entrée / *f.* / ɑ̃tʀe / ______________

fourchette / *f.* / fuʀʃɛt / ______________

fromage / *m.* / fʀɔmaʒ / ______________

garnir / *v.* / gaʀniʀ / ______________

gâteau / *m.* / gato / ______________

glucide / *m.* / glysid / ______________

goûter / *m.* / gute / ______________

kilo / *m.* / kilo / ______________

lait / *m.* / lɛ / ______________

légume / *m.* / legym / ______________

lipide / *m.* / lipid / ______________

mélanger / *v.* / melɑ̃ʒe / ______________

menu / *m.* / məny / ______________

morceau / *m.* / mɔʀso / ______________

moule / *m.* / mul / ______________

nappe / *f.* / nap / ______________

œuf / *m.* / œf / ______________

petit-déjeuner / *m.* / ptideʒœne / ______________

petite cuillère / *f.* / ptitkɥijɛʀ / ______________

plat / *m.* / pla / ______________

pomme / *f.* / pɔm / ______________

portion / *f.* / pɔʀsjɔ̃ / ______________

protide / *m.* / pʀɔtid / ______________

quartier / *m.* / kaʀtje / ______________

serviette / *f.* / sɛʀvjɛt / ______________

sorbet / *m.* / sɔʀbɛ / ______________

tomate / *f.* / tɔmat / ______________

verser / v. / vɛʀse / ______

Unité 6

allemand / adj. / almɑ̃ / ______
anglais / adj. / ɑ̃glɛ / ______
arts plastiques / m. / / aʀ plastik / ______
bal / m. / bal / ______
caméra / f. / kameʀa / ______
casting / m. / kastiŋ / ______
décor / m. / dekɔʀ / ______
dessin animé / m. / desɛ̃ anime / ______
documentaire / m. / dɔkymɑ̃tɛʀ / ______
éducation musicale / f. / edykasjɔ̃ myzikal / ______
éducation physique et sportive / f. / edykasjɔ̃ fizik e spɔʀtiv / ______
emmener / v. / ɑ̃mne / ______
épisode / m. / epizɔd / ______
étude dirigée / f. / etyd diʀiʒe / ______
feuilleton / m. / fœjtɔ̃ / ______
film / m. / film / ______
histoire-géo / f. / istwaʀʒeo / ______
journal télévisé / m. / ʒuʀnal / ______
latin / m. / latɛ̃ / ______
peintre / m. / pɛ̃tʀ / ______
quartier / m. / qaʀtje / ______
réalisateur / m. / ʀealizatœʀ / ______
répétition / f. / ʀepetisjɔ̃ / ______
reportage / m. / ʀpɔʀtaʒ / ______
saison / f. / sɛzɔ̃ / ______
sciences de la vie et de la terre / f. / sjɑ̃s də la vi / ______
sciences physiques / f. / sjɑ̃s fizik / ______
série / f. / sɛʀi / ______
tableau / m. / tablo / ______
technologie / f. / tɛknɔlɔʒi / ______

Unité 7

alibi / m. / alibi / ______
année / f. / ane / ______
Antiquité / f. / ɑ̃tikite / ______
arrêter / v. / aʀete / ______
arrondissement / m. / aʀʀɔ̃dismɑ̃ / ______
article / m. / aʀtikl / ______
cambrioleur / m. / kɑ̃bʀijɔlœʀ / ______
chapeau / m. / ʃapo / ______
corde / f. / kɔʀd / ______
culture / f. / kyltyʀ / ______
déposition / f. / depozisjɔ̃ / ______
enquête / f. / ɑ̃kɛt / ______
époque / f. / epɔk / ______
fait-divers / m. / fɛ divɛʀ / ______
heure / f. / œʀ / ______
indice / m. / ɛ̃dis / ______
international / adj. / ɛ̃tɛʀnasjɔnal / ______
interrogatoire / m. / ɛ̃teʀɔgatwaʀ / ______
jour / m. / ʒur / ______
mésaventure / f. / mezavɑ̃tyʀ / ______
minute / f. / minyt / ______
mois / m. / mwa / ______
Moyen-Âge / m. / mwajɛnɑʒ / ______
photo / f. / fɔtɔ / ______
politique / adj. / pɔlitik / ______
Préhistoire / f. / pʀeistwaʀ / ______
préhistorique / adj. / pʀeistɔʀik / ______
preuve / f. / pʀœv / ______
quotidien / adj. / kɔtidjɛ̃ / ______
Renaissance / f. / / ʀnɛsɑ̃s / ______
rubrique / f. / ʀybʀik / ______
semaine / f. / smɛn / ______
siècle / m. / sjɛkl / ______
société / f. / sɔsjete / ______
sortie / f. / sɔʀti / ______
sport / m. / spɔʀ / ______
suspect / m. / syspɛ / ______
témoin / m. / temwɛ̃ / ______
temps / m. / tɑ̃ / ______
titre / m. / titʀ / ______
(la) une / f. / yn / ______
vol / m. / vɔl / ______
voleur / m. / vɔlœʀ / ______

Unité 8

astre / astʀ / ______
Balance / f. / balɑ̃s / ______
Bélier / m. / belje / ______
bête / adj. / bɛt / ______
canari / m. / kanaʀi / ______
Cancer / m. / kɑ̃sɛʀ / ______
Capricorne / m. / kapʀikɔʀn / ______
capteur solaire / m. / katœʀ sɔlɛʀ / ______

LEXIQUE ACTIF

chat / *m.* / ʃa / ________________
chien / *m.* / ʃjɛ̃ / ________________
conciliant / *adj.* / kõsjljɑ̃ / ________________
courageux / *adj.* / kuʀaʒø / ________________
dynamique / *adj.* / dinamik / ________________
égoïste / *adj.* / egɔist / ________________
épreuve / *f.* / epʀœv / ________________
épuiser / *v.* / epɥize / ________________
exubérant / *adj.* / ɛgzybeʀɑ̃ / ________________
furet / *m.* / fyʀe / ________________
Gémeaux / *m.* / gemo / ________________
généreux / ʒeneʀø / ________________
gentil / *adj.* / ʒɑ̃ti / ________________
géothermie / *f.* / ʒeɔtɛʀmi / ________________
intelligent / *adj.* / ɛ̃telʒɑ̃ / ________________
lapin / *m.* / lapɛ̃ / ________________
Lion / *m.* / ljõ / ________________
magazine / *m.* / magazin / ________________
méchant / *adj.* / meʃɑ̃ / ________________
optimiste / *adj.* / ɔptimist / ________________
paresseux / *adj.* / paʀɛsø / ________________
pessimiste / *adj.* / pesimist / ________________
perruche / *f.* / peʀyʃ / ________________
peureux / *adj.* / pœʀø / ________________
Poissons / *m.* / pwasõ / ________________
roue / *f.* / ʀu / ________________
Sagittaire / *m.* / saʒitɛʀ / ________________
Scorpion / *m.* / skɔʀpjõ / ________________
sondage / *m.* / sõdaʒ / ________________
souris / *f.* / suʀi / ________________
Taureau / *m.* / toʀo / ________________
têtu / *adj.* / tety / ________________
timide / *adj.* / timid / ________________
tortue / *f.* / tɔʀty / ________________
turbine / *f.* / tyʀbn / ________________
Verseau / *m.* / vɛʀso / ________________
Vierge / *f.* / vjɛʀʒ / ________________

Tableau des conjugaisons

INFINITIF	INDICATIF PRÉSENT	INDICATIF FUTUR	INDICATIF IMPARFAIT	CONDITIONNEL	IMPÉRATIF	INDICATIF PASSÉ COMPOSÉ
ALLER	je vais tu vas il / elle / on va nous allons vous allez ils / elles vont	j'irai tu iras il / elle / on ira nous irons vous irez ils / elles iront	j'allais tu allais il / elle / on allait nous allions vous alliez ils / elles allaient	j'irais tu irais il / elle / on irait nous irions vous iriez ils / elles iraient	Va ! Allons ! Allez !	je suis allé(e) tu es allé(e) il / elles / on est allé(e)(s) nous sommes allé(e)s vous êtes allé(e)(s) ils / elles sont allé(e)s
AVOIR	j'ai tu as il / elle / on a nous avons vous avez ils /elles ont	j'aurai tu auras il / elle / on aura nous aurons vous aurez ils /elles auront	j'avais tu avais il / elle / on avait nous avions vous aviez ils / elles avaient	j'aurais tu aurais il / elle / on aurait nous aurions vous auriez ils / elles auraient	Aie ! Ayons ! Ayez !	j'ai eu tu as eu il / elle / on a eu nous avons eu vous avez eu ils / elles ont eu
BOIRE	je bois tu bois il / elle / on boit nous buvons vous buvez ils / elles boivent	je boirai tu boiras il / elle / on boira nous boirons vous boirez ils / elles boiront	je buvais tu buvais il / elle / on buvait nous buvions vous buviez ils / elles buvaient	je boirais tu boirais il / elle / on boirait nous boirions vous boiriez ils / elles boiraient	Bois ! Buvons ! Buvez !	j'ai bu tu as bu il / elle / on a bu nous avons bu vous avez bu Ils / elles ont bu
CHOISIR Tous les verbes réguliers du deuxième groupe se conjuguent comme *choisir.*	je choisis tu choisis il / elle / on choisit nous choisissons vous choisissez ils / elles choisissent	je choisirai tu choisiras il / elle / on choisira nous choisirons vous choisirez ils / elles choisiront	je choisissais tu choisissais il / elle / on choisissait nous choisissions vous choisissiez ils / elles choisissaient	je choisirais tu choisirais il / elle / on choisirait nous choisirions vous choisiriez ils / elles choisiraient	Choisis ! Choisissons ! Choisissez !	j'ai choisi tu as choisi il / elle / on a choisi nous avons choisi vous avez choisi ils / elles ont choisi
CONNAÎTRE Les verbes *apparaître, disparaître* et *paraître* se conjuguent comme *connaître.*	je connais tu connais il / elle / on connaît nous connaissons vous connaissez ils / elles connaissent	je connaîtrai tu connaîtras il / elle / on connaîtra nous connaîtrons vous connaîtrez ils / elles connaîtront	je connaissais tu connaissais il / elle / on connaissait nous connaissions vous connaissiez ils / elles connaissaient	je connaîtrais tu connaîtrais il / elle / on connaîtrait nous connaîtrions vous connaîtriez ils / elles connaîtraient	Connais ! Connaissons ! Connaissez !	j'ai connu tu as connu il / elle / on a connu nous avons connu vous avez connu ils / elles ont connu
COURIR	je cours tu cours il / elle /on court nous courons vous courez ils / elles courent	je courrai tu courras il / elle / on courra nous courrons vous courrez ils / elles courront	je courais tu courais il / elle / on courait nous courions vous couriez ils / elles couraient	je courrais tu courrais il / elle / on courrait nous courrions vous courriez ils / elles courraient	Cours ! Courons ! Courezc !	j'ai couru tu as couru il / elle / on a couru nous avons couru vous avez couru ils / elles ont couru
CROIRE	je crois tu crois il / elle / on croit nous croyons vous croyez ils / elles croient	je croirai tu croiras il / elle / on croira nous croirons vous croirez ils / elles croiront	je croyais tu croyais il / elle / on croyait nous croyions vous croyiez ils / elles croyaient	je croirais tu croirais il / elle / on croirait nous croirions vous croiriez ils / elles croiraient	Crois ! Croyons ! Croyez !	j'ai cru tu as cru il / elle / on a cru nous avons cru vous avez cru ils / elles ont cru
DEVOIR	je dois tu dois il / elle / on doit nous devons vous devez ils / elles doivent	je devrai tu devras il / elle / on devra nous devrons vous devrez ils / elles devront	je devais tu devais il / elle / on devait nous devions vous deviez ils / elles devaient	je devrais tu devrais il / elle / on devrait nous devrions vous devriez ils / elles devraient	Dois ! Devons ! Devez !	j'ai dû tu as dû il / elle / on a dû nous avons dû vous avez dû ils / elles ont dû
ÉCRIRE	j'écris tu écris il / elle / on écrit nous écrivons vous écrivez ils / elles écrivent	j'écrirai tu écriras il / elle / on écrira nous écrirons vous écrirez ils / elles écriront	j'écrivais tu écrivais il / elle / on écrivait nous écrivions vous écriviez ils / elles écrivaient	j'écrirais tu écrirais il / elle / on écrirait nous écririons vous écririez ils / elles écriraient	Écris ! Écrivons ! Écrivez !	j'ai écrit tu as écrit il / elle / on a écrit nous avons écrit vous avez écrit ils / elles ont écrit

INFINITIF	INDICATIF PRÉSENT	INDICATIF FUTUR	INDICATIF IMPARFAIT	CONDITIONNEL	IMPÉRATIF	INDICATIF PASSÉ COMPOSÉ
ENTENDRE Les verbes *rendre, attendre, descendre, perdre, répondre* et *vendre* se conjuguent comme *entendre.*	j'entends tu entends il / elle / on entend nous entendons vous entendez ils / elles entendent	j'entendrai tu entendras il / elle / on entendra nous entendrons vous entendrez ils / elles entendront	j'entendais tu entendais il / elle / on entendait nous entendions vous entendiez ils / elles entendaient	j'entendrais tu entendrais il / elle / on entendrait nous entendrions vous entendriez ils / elles entendraient	Entends ! Entendons ! Entendez !	j'ai entendu tu as entendu il / elle / on a entendu nous avons entendu vous avez entendu ils / elles ont entendu
ÊTRE	je suis tu es il / elle / on est nous sommes vous êtes ils / elles sont	je serai tu seras il / elle / on sera nous serons vous serez ils / elles seront	j'étais tu étais il / elle / on était nous étions vous étiez ils / elles étaient	je serais tu serais il / elle / on serait nous serions vous seriez ils / elles seraient	Sois ! Soyons ! Soyez !	j'ai été tu as été il / elle / on a été nous avons été vous avez été ils / elles ont été
FAIRE	je fais tu fais il / elle / on fait nous faisons vous faites ils / elles font	je ferai tu feras il / elle / on fera nous ferons vous ferez ils / elles feront	je faisais tu faisais il / elle / on faisait nous faisions vous faisiez ils / elles faisaient	je ferais tu ferais il / elle / on ferait nous ferions vous feriez ils / elles feraient	Fais ! Faisons ! Faites !	j'ai fait tu as fait il / elle / on a fait nous avons fait vous avez fait ils / elles ont fait
FALLOIR	il faut	il faudra	il fallait	il faudrait		il a fallu
INTERDIRE	j'interdis tu interdis il / elle / on interdit nous interdisons vous interdisez ils / elles interdisent	j'interdirai tu interdiras il / elle / on interdira nous interdirons vous interdirez ils / elles interdiront	j'interdisais tu interdisais il / elle / on interdisait nous interdisions vous interdisiez ils / elles interdisaient	j'interdirais tu interdirais il / elle / on interdirait nous interdirions vous interdiriez ils / elles interdiraient	Interdis ! Interdisons ! Interdisez !	j'ai interdit tu as interdit il / elle / on a interdit nous avons interdit vous avez interdit ils / elles ont interdit
JETER	je jette tu jettes il / elle /on jette nous jetons vous jetez ils / elles jettent	je jetterai tu jetteras il / elle / on jettera nous jetterons vous jetterez ils / elles jetteront	je jetais tu jetais il / elle / on jetait nous jetions vous jetiez ils / elles jetaient	je jetterais tu jetterais il / elle / on jetterait nous jetterions vous jetteriez ils / elles jetteraient	Jette ! Jetons ! jetez !	j'ai jeté tu as jeté il / elle / on a jeté nous avons jeté vous avez jeté ils / elles ont jeté
METTRE Tous les verbes composés de *mettre* se conjuguent comme *mettre* : *commettre, permettre, remettre, soumettre...*	je mets tu mets il / elle / on met nous mettons vous mettez ils / elles mettent	je mettrai tu mettras il / elle / on mettra nous mettrons vous mettrez ils / elles mettront	je mettais tu mettais il / elle / on mettait nous mettions vous mettiez ils / elles mettaient	je mettrais tu mettrais il / elle / on mettrait nous mettrions vous mettriez ils / elles mettraient	Mets ! Mettons ! Mettez !	j'ai mis tu as mis il / elle / on a mis nous avons mis vous avez mis ils / elles ont mis
OUVRIR Les verbes *couvrir, découvrir, offrir* et *souffrir* se conjuguent comme *ouvrir.*	j'ouvre tu ouvres il / elle / on ouvre nous ouvrons vous ouvrez ils / elles ouvrent	j'ouvrirai tu ouvriras il / elle / on ouvrira nous ouvrirons vous ouvrirez ils / elles ouvriront	j'ouvrais tu ouvrais il / elle / on ouvrait nous ouvrions vous ouvriez ils / elles ouvraient	j'ouvrirais tu ouvrirais il / elle / on ouvrirait nous ouvririons vous ouvririez ils / elles ouvriraient	Ouvre ! Ouvrons ! Ouvrez !	j'ai ouvert tu as ouvert il / elle / on a ouvert nous avons ouvert vous avez ouvert ils / elles ont ouvert
PARLER Tous les verbes réguliers du premier groupe (en *-er*) se conjuguent comme *parler.*	je parle tu parles il / elle / on parle nous parlons vous parlez ils / elles parlent	je parlerai tu parleras il / elle / on parlera nous parlerons vous parlerez ils / elles parleront	je parlais tu parlais il / elle / on parlait nous parlions vous parliez ils / elles parlaient	je parlerais tu parlerais il / elle / on parlerait nous parlerions vous parleriez ils / elles parleraient	Parle ! Parlons ! Parlez !	j'ai parlé tu as parlé il / elle / on a parlé nous avons parlé vous avez parlé ils / elles ont parlé
PARTIR	je pars tu pars il / elle / on part nous partons vous partez ils / elles partent	je partirai tu partiras il / elle / on partira nous partirons vous partirez ils / elles partiront	je partais tu partais il / elle / on partait nous partions vous partiez ils / elles partaient	je partirais tu partirais il / elle / on partirait nous partirions vous partiriez ils / elles partiraient	Pars ! Partons ! Partez !	je suis parti(e) tu es parti(e) il / elle / on est parti(e)(s) nous sommes parti(e)s vous êtes parti(e)(s) ils / elles sont parti(e)s

INFINITIF	INDICATIF PRÉSENT	INDICATIF FUTUR	INDICATIF IMPARFAIT	CONDITIONNEL	IMPÉRATIF	INDICATIF PASSÉ COMPOSÉ
PAYER Tous les verbes en *-yer* se conjuguent comme *payer.*	je paye / paie tu payes / paies il / elle / on paye / paie nous payons vous payez ils / elles payent / paient	je payerai / paierai tu payeras / paieras il / elle / on payera / paiera nous payerons / paierons vous payerez / paierez ils / elles payeront / paieront	je payais tu payais il / elle / on payait nous payions vous payiez ils / elles payaient	je payerais / paierais tu payerais / paierais il / elle / on payerait / paierait nous payerions / paierions vous payeriez / paieriez ils / elles payeraient / paieraient	Paye / Paie ! Payons ! Payez !	j'ai payé tu as payé il / elle / on a payé nous avons payé vous avez payé ils / elles ont payé
PEINDRE	je peins tu peins il / elle / on peint nous peignons vous peignez ils / elles peignent	je peindrai tu peindras il / elle / on peindra nous peindrons vous peindrez ils / elles peindront	je peignais tu peignais il / elle / on peignait nous peignions vous peigniez ils / elles peignaient	je peindrais tu peindrais il / elle / on peindrait nous peindrions vous peindriez ils / elles peindraient	Peins ! Peignons ! peignez !	j'ai peint tu as peint il / elle / on a peint nous avons peint vous avez peint ils / elles ont peint
PLAIRE	je plais tu plais il / elle / on plaît nous plaisons vous plaisez ils / elles plaisent	je plairai tu plairas il / elle / on plaira nous plairons vous plairez ils / elles plairont	je plaisais tu plaisais il / elle / on plaisait nous plaisions vous plaisiez ils / elles plaisaient	je plairais tu plairais il / elle / on plairait nous plairions vous plairiez ils / elles plairaient	Plais ! Plaisons ! Plaisez !	j'ai plu tu as plu il / elle / on a plu nous avons plu vous avez plu ils / elles ont plu
PLACER	je place tu places il / elle / on place nous plaçons vous placez ils / elles plaçons	je placerai tu placeras il / elle / on placera nous placerons vous placerez ils / elles placeront	je plaçais tu plaçais il / elle / on plaçait nous placions vous placiez ils / elles plaçaient	je placerais tu placerais il / elle / on placerait nous placerions vous placeriez ils / elles placeraient	Place ! Plaçons ! placez !	j'ai placé tu as placé il / elle / on a placé nous avons placé vous avez placé ils / elles ont placé
POUVOIR	je peux tu peux il / elle / on peut nous pouvons vous pouvez ils / elles peuvent	je pourrai tu pourras il / elle / on pourra nous pourrons vous pourrez ils / elles pourront	je pouvais tu pouvais il / elle / on pouvait nous pouvions vous pouviez ils / elles pouvaient	je pourrais tu pourrais il / elle / on pourrait nous pourrions vous pourriez ils / elles pourraient		j'ai pu tu as pu il / elle / on a pu nous avons pu vous avez pu ils / elles ont pu
PRENDRE Tous les verbes composés de *prendre* se conjuguent comme *prendre* : *apprendre*, *comprendre* et *surprendre.*	je prends tu prends il / elle / on prend nous prenons vous prenez ils / elles prennent	je prendrai tu prendras il / elle / on prendra nous prendrons vous prendrez ils / elles prendront	je prenais tu prenais il / elle / on prenait nous prenions vous preniez ils / elles prenaient	je prendrais tu prendrais il / elle / on prendrait nous prendrions vous prendriez ils / elles prendraient	Prends ! Prenons ! Prenez !	j'ai pris tu as pris il / elle / on a pris nous avons pris vous avez pris ils / elles ont pris
S'ASSEOIR	je m'assieds tu t'assieds il / elle / on s'assied nous nous asseyons vous vous asseyez ils / elles s'asseyent	je m'assiérai tu t'assiéras il / elle / on s'assiéra nous nous assiérons vous vous assiérez ils / elles s'assiéront	je m'asseyais tu t'asseyais il / elle / on s'asseyait nous nous asseyions vous vous asseyiez ils / elles s'asseyaient	je m'assiérais tu t'assiérais il / elle / on s'assiérait nous nous assiérions vous vous assiériez ils / elles s'assiéraient	Assieds-toi ! Asseyons-nous ! Asseyez-vous !	je me suis assis(e) tu t'es assis(e) il / elle / on s'est assis(e)(s) nous nous sommes assis(es) vous vous êtes assis(es) ils / elles se sont assis(es)
	je m'assois tu t'assois il / elle / on s'assoit nous nous assoyons vous vous assoyez ils / elles s'assoient	je m'assoirai tu t'assoiras il / elle / on s'assoira nous nous assoirons vous vous assoirez ils / elles s'assoiront	je m'assoyais tu t'assoyais il / elle / on s'assoyait nous nous assoyions vous vous assoyiez ils / elles s'assoyaient	je m'assoirais tu t'assoirais il / elle / on s'assoirait nous nous assoirions vous vous assoiriez ils / elles s'assoiraient	Assois-toi ! Assoyons-nous ! Assoyez-vous !	je me suis assis(e) tu t'es assis(e) il / elle / on s'est assis(e)(s) nous nous sommes assis(es) vous vous êtes assis(es) ils / elles se sont assis(es)
SAVOIR	je sais tu sais il / elle / on sait nous savons vous savez ils / elles savent	je saurai tu sauras il / elle / on saura nous saurons vous saurez ils / elles sauront	je savais tu savais il / elle / on savait nous savions vous saviez ils / elles savaient	je saurais tu saurais il / elle / on saurait nous saurions vous sauriez ils / elles sauraient	Sache ! Sachons ! Sachez !	j'ai su tu as su il / elle / on a su nous avons su vous avez su ils / elles ont su

INFINITIF	INDICATIF PRÉSENT	INDICATIF FUTUR	INDICATIF IMPARFAIT	CONDITIONNEL	IMPÉRATIF	INDICATIF PASSÉ COMPOSÉ
S'ENNUYER	je m'ennuie tu t'ennuies il / elle / on s'ennuie nous nous ennuyons vous vous ennuyez ils / elles s'ennuient	je m'ennuierai tu t'ennuieras il / elle / on s'ennuiera nous nous ennuierons vous vous ennuierez ils / elles s'ennuieront	je m'ennuyais tu t'ennuyais il / elle / on s'ennuyait nous nous ennuyions vous vous ennuyiez ils / elles s'ennuyaient	je m'ennuierais tu t'ennuierais il / elle / on s'ennuierait nous nous ennuierions vous vous ennuieriez ils / elles s'ennuieraient		je me suis ennuyé(e) tu t'es ennuyé(e) il / elle / on s'est ennuyé(e) nous nous sommes ennuyé(e)s vous vous êtes ennuyé(e)s ils / elles sont ennuyé(e)s
SOURIRE	je souris tu souris il / elle / on sourit nous sourions vous souriez ils / elles sourient	je sourirai tu souriras il / elle / on sourira nous sourirons vous sourirez ils / elles souriront	je souriais tu souriais il / elle / on souriait nous souriions vous souriiez ils / elles souriaient	je sourirais tu sourirais il / elle / on sourirait nous souririons vous souririez ils / elles souriraient	Souris ! Sourions ! Souriez !	j'ai souri tu as souri il / elle / on a souri nous avons souri vous avez souri ils / elles ont souri
SUIVRE	je suis tu suis il / elle / on suit nous suivons vous suivez ils / elles suivent	je suivrai tu suivras il / elle / on suivra nous suivrons vous suivrez ils / elles suivront	je suivais tu suivais il / elle / on suivait nous suivions vous suiviez ils / elles suivaient	je suivrais tu suivrais il / elle / on suivrait nous suivrions vous suivriez ils / elles suivraient	Suis ! Suivons ! Suivez !	j'ai suivi tu as suivi il / elle / on a suivi nous avons suivi vous avez suivi ils / elles ont suivi
VENIR Tous les verbes composés de *venir* (*revenir*) et *tenir* se conjuguent comme *venir*.	je viens tu viens il / elle / on vient nous venons vous venez ils / elles viennent	je viendrai tu viendras il / elle / on viendra nous viendrons vous viendrez ils / elles viendront	je venais tu venais il / elle / on venait nous venions vous veniez ils / elles venaient	je viendrais tu viendrais il / elle / on viendrait nous viendrions vous viendriez ils / elles viendraient	Viens ! Venons ! Venez !	je suis venu(e) tu es venu(e) il / elle / on est venu(e)(s) nous sommes venu(e)s vous êtes venu(e)(s) ils / elles sont venu(e)s
VENDRE	je vends tu vends il / elle / on vends nous vendons vous vendez ils / elles vendent	je vendrai tu vendras il / elle / on vendra nous vendrons vous vendrez ils / elles vendront	je vendais tu vendais il / elle / on vendait nous vendions vous vendiez ils / elles vendaient	je vendrais tu vendrais il / elle / on vendrait nous vendrions vous vendriez ils / elles vendraient		j'ai vendu tu as vendu il / elle / on a vendu nous avons vendu vous avez vendu ils / elles ont vendu
VOIR	je vois tu vois il / elle / on voit nous voyons vous voyez ils / elles voient	je verrai tu verras il / elle / on verra nous verrons vous verrez ils / elles verront	je voyais tu voyais il / elle / on voyait nous voyions vous voyiez ils / elles voyaient	je verrais tu verrais il / elle / on verrait nous verrions vous verriez ils / elles verraient	Vois ! Voyons ! Voyez !	j'ai vu tu as vu il / elle / on a vu nous avons vu vous avez vu ils / elles ont vu
VOULOIR	je veux tu veux il / elle / on veut nous voulons vous voulez ils / elles veulent	je voudrai tu voudras il / elle / on voudra nous voudrons vous voudrez ils / elles voudront	je voulais tu voulais il / elle / on voulait nous voulions vous vouliez ils / elles voulaient	je voudrais tu voudrais il / elle / on voudrait nous voudrions vous voudriez ils / elles voudraient		j'ai voulu tu as voulu il / elle / on a voulu nous avons voulu vous avez voulu ils / elles ont voulu